荷歐波諾波諾的奇蹟之旅

造訪夏威夷的零極限實踐者

平良愛綾——著　邱心柔——譯

荷歐波諾波諾可以幫助我們找回平衡。
當我們藉著每一分每一秒的清理，
脫離了內在的紛擾，從中獲得自由的時候，
這時所呈現出的世界，就是我們一開始被賦予的
生命樣貌。

這片面積1650英畝的荷歐茂（Ho'omau）牧場，
是KR女士透過清理遇見的。

上：KR女士開著「KAWASAKI」載我。KR把她買下的所有中古全地形多功能越野車，都各自取了不同的名字。
下：KR女士和她的女兒凱拉，以及正在放暑假的孫子。小孩們從早到晚都沉醉在照顧動物的生活當中。

Photograph © Chiho Ushio

這位是馬拉瑪女士，位於夏威夷凱（Hawaii Kai）住宅區的中庭。當時正吹著一陣舒服的微風。

卡琳女士站在她新家的院子裡。

問題不在外面，
清理你的內在才是最重要的。

上：納卡薩特夫婦。
下：納卡薩特夫婦的住家位於卡拉瑪溪谷。光線從餐廳的天窗照射進來，家中放著來自世界各地的擺飾，這些擺飾受到小心呵護，讓整個家變得更明亮，並維持家裡的清潔。

上：訪問結束後，我們乘著喬納森先生親手做的木筏觀賞夕陽。由左至右為寶拉女士、作者、馬拉瑪女士。

下：喬納森先生與愛犬波諾。

從院子可以看到遠處的鑽石頭山。婚姻生活、養育小孩、找房子、工作，文氏夫婦透過荷歐波諾波諾找回自己，同時也一直過著踏實的生活，笑容從未從他們臉上消失過。

目錄
Contents

引言

關於莫兒娜

我們要回歸平靜
在水牛徘徊的這片原野上
仙人掌彷彿正要開花
即使你感覺此處像沙漠一樣，不會創造出任何東西
也要感謝山、河、谷，感謝這個世界
生命不斷延續，時間不斷流轉
此處將滿溢出豐沛的水
原本空無一物的地方，將會有小鳥在此啼叫
樹木與高山，會跟岩石與礦物一起

鳴起鼓動的聲響
我們是安全的樹木
「我」的起源是一條將所有生命
引導到家、大自然、神性智慧的道路
照進光芒，告訴我們屬於各自的完美道路
這是一條光明的道路、正確的道路
「我」的道路

儘管外界存在著各式各樣的問題，但眞正存在的也就只有大自然跟你自己，以及其中的連結而已。**在你這個人當中，並沒有任何事物存在**。只要能了解到自己眞正的意識，就能和其他人交流，甚至也能和天空及海上的浪花、植物、動物、礦物、土地、原子與分子交流。也就是說，在整個宇宙裡，沒有任何祕密。（摘錄自西元一九八九年四月十一日，夏威夷州眾議院委員會議；演講者夏威夷州寶莫兒娜・納拉瑪庫・西蒙那的演講內容。）

莫兒娜・納拉瑪庫・西蒙那

（西元一九一三～一九九二年）

一九一三年誕生於歐胡島，雙親爲夏威夷原住民。母親莉莉亞・西蒙那是夏威夷王朝最後的卡胡那（夏威夷原住民的傳統治療師）。莫兒娜自己也在三歲時受到認可，獲得卡胡那的稱號，從很小的時候就開始藉著語言治療法，與以Lomi Lomi（夏威夷按摩術）根源的夏威夷傳統治療法，進行治療師的工作。

莫兒娜擁有歐胡島的卡哈拉酒店度假村及夏威夷皇家飯店的Spa中心，她以此爲據點，自當時起便有許多顧客從世界各地前往拜訪。著名的訪客有美國第三十六任總統林登・詹森（Lyndon Johnson）、美國第三十五任總統夫人賈桂琳・甘迺迪・歐納西斯（Jacqueline Kennedy Onassis）、職業高爾夫球選手阿諾德・帕爾默（Arnold Palmer）等人，持續公開拜訪莫兒娜。

一九七六年她受到靈感指示，將傳統的夏威夷荷歐波諾波諾，發展成既簡單又有效、適合現代人的荷歐波諾波諾回歸自性法（Self I-dentity through Ho'oponopono，簡稱SITH）。

莫兒娜這麼介紹荷歐波諾波諾回歸自性法：

「**荷歐波諾波諾是什麼？是一種導正錯誤、找回完美平衡的方法**。我所講述的現代版荷歐波諾波諾，對於所有想導正感到壓力的人際關係或狀況的人，都能有所幫助。荷歐波諾波諾是藉著清理、解放，改變其樣貌，而找出眞正的自我意識；一旦找出眞正的自我意識，就能理解自己與他人的關係。不只如此，甚至世上一切生物以至無生物等，萬事萬物在創造上的神祕，都能深入細部且透徹的理解。

「藉由找出自我意識，而獲得解放，便能將存在於內外那些不平衡的情感、波動，在不帶壓力的狀態下予以釋放、解放、改變。透過荷歐波諾波諾所找出的自己，會打開內在的宇宙和心靈的大門。

「一起來清理，並找出眞正的自我意識吧。這是爲了自己，爲了幸福和愛，也爲了富足的今天和明天。」

莫兒娜關於荷歐波諾波諾回歸自性法的演講活動，不只限於夏威夷，還遍及美國本土、歐洲、日本、台灣等十四個國家。

一九八三年，莫兒娜受到表揚，獲頒夏威夷州寶。她在夏威夷州立大學、霍普金斯大學等美國國內的大學，針對「眞正的自我意識」進行演講；她甚至也以榮譽嘉賓的身分，數次在聯合國演講。

一九九二年，她接受首位出身於夏威夷原住民的美國參議院議員丹尼爾·卡希基納·阿卡卡的委託，參與坐落於華盛頓特區國會大廈上的自由女神像修補及推廣工作。

這座石膏像，目前展示於國會的資料館，其功績也受到人們讚揚。

同年，當莫兒娜前往德國慕尼克進行演講時，在位於郊外的友人住家中，於床榻上告別了人世。

推薦序

最有說服力的一本零極限書籍

曾寶儀

二〇一〇年，我閱讀了生命中的第一本零極限。

當時的我感到相當震撼，雖然那時不是非常清楚所謂「清理」這件事，是怎麼運作的，但我深深被所有事情都是與自己有關的這個概念打動，默默的，我開始了自己的清理工作。

在與人交談時覺得煩躁，我清理，以試圖與被挑起的情緒拉開距離；去到一個新的場地工作時，我清理，希望待會工作時與會的人們都能用最純粹的心情感受當下；要開車去難找停車位的地方時，我清理（好啦，連這種瑣事也清理實在太over了，但有用啊！我需要！），清理找不到停車位的恐懼。

我想辦法去上了修藍博士來台灣開的課，認識本書作者愛綾，見證了她越洋的愛情婚姻，也在她的影響下，去了趟夏威夷。那是趟至今想起來依然胸口會悸動，甚至有時說著說著就會流下淚的旅行。

越是清理就越能感受到零極限帶來的神奇，但我常常不知道要怎麼跟別人有系統的分享，爲什麼「just clean」會有這麼大的力量。沒法跟別人分享我覺得很好的東西，很是讓我苦惱！

而在一趟充滿焦慮煩躁的遠行工作中途，我打開了這本書的書稿，閱讀的過程中，好像也隨著愛綾的腳步又走了一遍可愛的夏威夷，那些清澈的受訪者面孔，彷如親見。於是我意識到，這可能是最有說服力的零極限相關書籍，因爲一個又一個親身經歷的人生故事，可以淺顯易懂的讓大家投入不同的清理情境。一面閱讀，那些伴隨著我的焦慮與煩躁，漸漸消失不見了。我發現，其實讀這本書的過程就是一種清理，於是書裡的文字在我眼中閃閃發光，忍不住默默說出「謝謝你，我愛你」。

說多就太玄了，但我誠摯邀請你藉由閱讀這本書，踏上清理的旅程。

Thank you! I love you!

前言

夏威夷有一群人每天的生活都是荷歐波諾波諾

自從我與荷歐波諾波諾回歸自性法、這個有點不可思議的解決問題方法相遇之後，已經邁入了第八年。一開始我完全不明白，當我說了「謝謝你、對不起、請原諒我、我愛你」這四句話後，究竟會產生什麼改變；也不明白當我從潛意識裡將記憶消除後，問題獲得了怎樣的解決。

但是當我持續下去之後，我的家人找回了燦爛的笑容，而我在人際關係、戀愛、工作等方面，也更能展現出眞正的自己、更加遊刃有餘。

清理漸漸成爲我每天必做的功課，這就像有時候沒流點汗會覺得不太舒服一樣。可是，當我必須做出人生重大決定時，例如：結婚離婚、就職或換工作、搬家、嚴重的爭執或憂鬱、金錢問題，當這些情況出現在我或重要的人面前時，很不可思議的，我彷彿會徹底忘記荷歐波諾波諾。

我會拚命徵求身邊人的意見，也會爭吵、比較、說謊、喪失自信。荷歐波諾波諾回歸自性法的繼承人、同時也是將之推廣到全世界的首要人物——伊賀列阿卡拉．修藍博士，有一次對我說了這番話。

「靈感絕對不是什麼詭異的東西，也不是要你把日常生活、至今的工作、人際關係、想法等全部拋棄掉。

「發展出這套荷歐波諾波諾的莫兒娜，自然是憑藉著這極爲稀有的才能，成爲受人讚賞的治療師，她還將解決問題的方法加以推廣，是非常了不起的人。我跟她在一起的時候，發生過許多不可思議的事情。我深深受到她的吸引，在不知不覺間，也成爲把這（荷歐波諾波諾回歸自性法）當作生活方式的人之一。

「但是，我們不可以忘記，她終究也是女性。她跟你一樣活在地球上，在社群中擁有自己的人際關係，也有家人；她會遇到問題、得用餐、要刷牙、會睡覺、會睡不著，也是一天天的在過日子。

「她在這樣的生活當中，透過荷歐波諾波諾創造出自由，同時也找回眞正的自己，擴展了所有的可能性。

「她常常說，所有的人類、所有存在，天生都具備著這樣的能力。不管是什麼樣的問題，都有辦法解決、改變。」

自從我聽了這席話以後，有時會不自覺去想像已故的莫兒娜女士。她已經去世了，我當然從未見過她，不過我很想見見將傳統荷歐波諾波諾改造成男女老少、任何國籍與宗教的人，在任何地方都能夠實踐的這號人物。「如果是她的話，在這個情況下會怎麼做呢？她會用什麼方式清理呢？」不知道爲什麼，我心裡不時產生這樣的想法。

我曾經在無意間跟修藍博士說出這個想法，而博士似乎也一直記得。有一次，博士寄了封信給我。

「下次你有機會到夏威夷時，一定要去見見『他們』。當我在莫兒娜身邊學習荷歐波諾波諾的時候，他們就一直待在那裡。雖然現在莫兒娜已經脫離了肉體的拘束，但是你的靈魂想了解的莫兒娜精髓，卻可以從他們那裡看見、聽到。因爲我們都是用莫兒娜發展出的方式生活，即使現在這一刻也一樣如此。」

SITH是一種可以幫助我們從問題中解脫，並且活出自己的方法。這種生活方式已經悄悄擴展到全世界。而創造出這種方法，並加以推廣的莫兒娜，她所教導的事物，並沒有人將之寫成書或部落格，大家只是單純在每天的生活中不斷努力實踐。

這些人在夏威夷靜靜的生活，他們既不會每天花上一半時間靜心，彼此的年齡、背景、興趣嗜好也各不相同。他們擁有自己的職業，在生活中扮演著妻子或丈夫、父親或母親的角色，而在這樣的生活當中，也將荷歐波諾波諾回歸自性法當作人生路標，幾十年來不曾間斷。

他們是如何與荷歐波諾波諾一同走過人生的呢？持續清理是什麼呢？於是，我展開了這趟夏威夷之旅，前去聽聽他們的說法。他們大膽且真實的分享了自身的體驗與睿智，本書便是集結這些內容而成。

第一章

開始喜歡上自己

飛機已熄燈，機內暗了下來，而窗戶外面雲朵布滿了漆黑的天空。我望著窗外，想找看看有沒有星星。就在這時，突然想起從前在夏威夷的荷歐波諾波諾課程中，見到一位名叫派翠西．雷奧拉尼．希爾的講師。這位擁有雷奧拉尼（來自天國的聲音）之名的女性，陪伴莫兒娜在華盛頓特區度過晚年。課程在飯店舉辦，一天晚上，我偶然有機會與這位講師在飯店大廳一起喝茶。大廳是開放式空間，跟戶外相通，在萬裡無雲的夜空中，星星閃耀著銀色的光芒。

「莫兒娜出生在夏威夷，她從很小的時候就能讀取星星的訊息。從沒有人教她，她自己練習從星星的位置讀取訊息，經過練習之後，也能分辨白魔法與黑魔法。夏威夷有很多人被稱爲卡胡那，這些人可以使用靈能力來治療人們或土地，在夏威夷王國時期是正式受到認可的。但是，其中有些人、甚至是土地，會使用不好的振動來操控人民或土地。莫兒娜感受到這股力量正在運轉。

「可是，這股深不見底的黑暗，讓年幼的莫兒娜感到害怕，從此每當她心裡感覺到什麼的時候，就會在無意識間將心關閉。而有一天，她突然感覺到自己體內與外界土地不斷傳來震動，再怎麼關閉內心都停止不了震動，且震動還帶著一種節奏。年幼的莫兒娜實在沒辦法，只好去觀察這個節奏，結果發現是一個訊息。

「『你為什麼要這麼做？我可是把你創造得什麼都看得到喔。同時，我也將睿智託付給你，讓你足以接受這些事。』

「這是來自神性智慧的訊息。聽了訊息之後，莫兒娜從此不再關上心房。她已經明白要怎麼去清理那些東西。儘管當時的她才三歲，但是就算看到再黑暗的東西，也能運用能力，對應到自己、大自然與土地、甚至是其他人身上，並加以療癒。也就是說，她開始了卡胡那的工作。」

派翠西用她美妙的聲音，像唱歌般說了這番話，彷彿不是特意說給誰聽的。接著，對認真傾聽的我，她問道：

「你是不是也會關閉自己的內心呢？當人看到自己內心或外在出現討厭的

東西時，就會轉開視線，或是歸咎到別人身上。但是，神性智慧會讓你清楚看到最適合你的事物。我們可以用荷歐波諾波諾這個祕密武器，來克服。」

我想起了我和派翠西之間的這段對話，再次望向窗外。我也想試試從星星的位置來讀取一些訊息，可是別說讀取了，窗外甚至連一顆星都看不到，回過神來，只發現自己眉頭緊蹙。於是，就轉而清理明天即將開始的夏威夷之旅所帶來的興奮感。

抵達歐胡島的檀香山機場後，我打開電子收件匣，立刻看到修藍博士寄來的信。

hawaii（夏威夷）　這個詞本身就是清理的工具。

ha　生命的氣息

wa　神聖的水

i　神性智慧

也就是指神性智慧的氣息和水。你知道為什麼荷歐波諾波諾誕生於夏威夷這塊土地嗎？那是因為這塊土地可以讓水、風、土這些元素直接進入。而這些元素，原本就存在於你體內。不管你身在日本，還是在其他地方都一樣。

祝你在這趟旅途中能夠察覺到這點。

如果問我喜歡夏威夷哪裡，那就是每當我走出戶外的瞬間，感受到那股輕柔的風。

不管是走在威基基都會區，還是躺在海灘上，抑或是身處雨林之中，都會有輕柔的風，從某個地方吹過來。

我在行李領取處找到自己的行李箱，一走出機場，便有風吹了過來。感覺就像有一隻大大的手掌，輕柔拂過全身一樣，讓人有種很幸福的感覺。

說實在的，這種無法言喻的感覺，我不太會在日常生活中感覺到。但是，如果說這原本就存在於自己體內的話；如果說我自己就是其中一部分呢？

我有點喜歡上自己了。

回到自己

當我抵達威基基海灘附近的出租公寓時，已經超過晚上八點。我在另一棟辦公大樓領取鑰匙，並在數份文件上簽名，這過程簡直就不帶感情、只是單純把待辦事項一件件解決，等我回過神來，人已經到了房間門口。

在我用鑰匙將門打開時，突然想起自己和修藍博士曾經發生過類似的事。每當日本要舉辦課程的時候，我都會先把博士住宿的飯店資訊寄給他。因爲博士很重視事前清理。我們在一家已經住過很多次的飯店，完成住房登記後，我幫他將行李箱拖到房間。在電梯裡，博士靜靜注視著我交給他的房卡。

到了房門口，我急急忙忙從博士手中收下房卡，就在我要拿去感應的時候，博士問：「你清理過了嗎？**房間跟我都擁有意識**。其實沒有任何一個地方，是我們可以無端進入的。我盡量清理了自己的行李，確認了對方的存在，所以我們彼此都允許對方跟自己在這個地方，一同度過這段時光。這一點不管在哪裡都一樣。如此，土地或房間就會幫助你，讓你的才能發揮到最大，並且爲你帶來所需的資訊。

「當我失去家人之後，就算我從別人那裡把東西搶過來，或者是從別人那裡得到了什麼，果實也會在內部腐爛，美麗的水就這樣流了出去。所以不論什麼時候都要記得清理，把自己整頓好。」

而現在，我站在房間前面的走廊，接下來將在這裡度過一段時光。我感覺博士彷彿就在身旁，於是才慌慌張張的想到要清理。這棟建築物比我想像的還要老舊許多，走廊對面的房間傳來電視聲，不知道爲什麼讓我覺得很孤單。還有，昏暗的走廊也讓我莫名感到恐懼。另外，「眞想在海邊優雅度過」這份隱藏在心中的不滿，這些情緒也接二連三的探出頭來。我清理了這些情緒後，重新轉動門把，踏入了房間。

「你好，我是平良愛綾，我來自日本。接下來的這一個星期，要麻煩你多多照顧了。」打過招呼後，我環視了一下房間，才發現這間小巧的房間，洋溢著溫暖的黃光。我將身體縮起來，躺在兩人座的小沙發上，當我看著沙發上鳳梨圖案的布料時，「我可是一個人千里迢迢跑來夏威夷做採訪的！」「我要去探究荷歐波諾波諾的祕密！」「我做的可是特別的工作！」心裡原有的這些死硬想法，開始不斷溶化，我被一股滿滿的安心感圍繞著，就連在日本和親愛的家人在一起時，都不曾感受過的安心感，讓我覺得可以就這樣放心敞開自己。

「大家『回家』的時刻即將到來。只要藉著荷歐波諾波諾，把你的使命、執著、判斷放下後，就會抵達一個地方。從很久很久以前開始，就存在的一個地方。當你不是任何人，單純只是自己、一個歸零的你，這時一切都會在那裡流動、誕生、結果。那裡就是你的家。」我想起博士說過的這番話，漸漸陷入了夢鄉。早上醒來時，從昨晚稍稍打開的窗戶縫隙，送來了溫暖的風。

有一段話是我每天早上醒來，從床上起身前都一定會念的。這句話是清理工具的一種，荷歐波諾波諾稱之爲開始祈禱文——「我就是我」。

這是莫兒娜經由靜心得到的一段用來清理的話語，只要我在開始一件事情之前念，例如一天的開始或前往新的土地時，都能讓我的尤尼希皮里（潛意識），自動回想起眞正的自己。

「在我們活著的任何一個瞬間都背負著過去。當我們早上剛起來的時候，心裡想著又是新的一天了，但就算是這一瞬間，我們也還是透過記憶，看到自己跟家人之間的問題，以及各式各樣的煩惱。所以我們必須盡可能告訴布滿了記憶的尤尼希皮里，眞正的自己原本是什麼樣子。就算你已經忘記了，但是，只要你在早上起床後立刻念這句話，尤尼希皮里就會開始清理，幫助你在這天活出眞正的自己。」

自從博士給了我這樣的建議以後，我都會在下床前念完這段話。

「我」就是「我」

「我」來自空無顯現光明，
「我」是滋養生命的氣息，
「我」是那超越一切意識所能理解的空性，虛無，
是「我」，是萬相，是一切。
「我」經由水珠畫出彎彎彩虹，
是充滿念頭永無止息的心。
「我」是那進出的氣息，
是不可見，不可捉摸的微風，

是無法定義的創世原子。
「我」就是如此的「我」。

即使我不太懂這段話的意義，但只要念了就能在內在按下清理的開關。過去產生的情緒會爲一整天帶來很大的影響，正因爲這樣，才要在一天開始前盡可能的清理。

今天終於可以見到博士介紹的「他們」了。我清理心中的興奮感，出發前又再看了一次收件匣，發現博士又寄來一封簡短的信：

神性智慧隨處皆有，也隨處皆無。當你清理並活出真正的自己時，所體驗的一切事物當中，都會有神性智慧的氣息。當你沉溺在記憶當中、迷失自己的時候，即便到了聖地，也看不到神聖的存在。

第二章

待在對的地方

+ + + + + +

從威基基開車前往位於歐胡島南海岸的伊娃海灘，需要四十五分鐘。車子緩緩的行駛在寧靜的住宅區中，一邊開車，我一邊對著手邊的住址。每間房子的草坪都修剪整齊，偶爾吹來的風輕輕搖晃著行道樹。

過沒多久，我就看到一間咖啡色屋頂的房子，門口站著一位長髮的美麗女性。她是卡琳．奧辛。年紀在四十歲後半，是荷歐波諾波諾的代表人ＫＲ（Kamaile Rafelovich）女士的祕書。

我首先來到她家，跟她確認接下來要拜訪的那些人的住址和細節。

「好久不見。這間房子好漂亮！」

「謝謝你。請進。」

她臉上出現一如往常的溫柔笑容，帶我進去她的屋子。我也馬上注意到，房子裡幾乎沒有任何家具。

卡琳看到我的表情後，笑著說：

「我終於把離婚手續辦好了，上個月找到房子，上星期才搬進來的。除了我的家人以外，你是這裡的第一個客人。今天天氣很好，陽台那邊有桌子和椅子，不如我們來喝個茶吧。」

我第一次見到卡琳小姐，是幾年前在KR家開會的時候。她給我的印象很溫柔，帶著有些害羞而穩重的表情。之後幾次在夏威夷辦活動的時候，也打過照面，我在日本有事時，也都會跟她通電話，照理來說應該不是那麼久沒見才對。

「我本來想要泡茶的，可是剛剛才突然想起來，家裡現在還沒有茶。看今天這麼熱，我們就來喝藍色太陽水（請參閱卷末附錄）吧。」

由於一切是那麼的自然，在卡琳這麼說的時候，不知爲何讓我覺得這整間房子都在支持著她，幫助她活出自由。小巧的露臺上擺著烤肉用的桌椅，我們坐了下來，卡琳接著開口說：

「活到現在，曾經有兩次讓我覺得，能夠認識荷歐波諾波諾眞的是太好了。當然，我每天都在實踐這個方法，毫不懷疑它帶來的好處。不過，這兩次的經歷特別讓我打從心裡覺得『我現在正待在對的地方』。」

「我現在正待在對的地方」，這句話修藍博士、KR及許多荷歐波諾波諾的講師都提過好幾次。我從之前就很在意，於是請教了卡琳。

清理幫我與周遭接軌

「那我就先從我的成長背景開始說起。在我九歲的時候，我跟父母和兩個哥哥，一起逃亡到大島（夏威夷島），生活大大改變了。當時在我眼裡，歐洲和夏威夷所有地方都不一樣。這是我人生中一個很大的轉變，內心很徬徨，於是從某一天開始深深思考『我到底是誰』，來堅定徬徨的內心。我在學校聽不懂大家說的語言，一開始也無法融入同學。因為我的髮色、膚色和眼睛的顏色都跟大家不一樣，所以一直被大家拿來開玩笑。

「當我們搬到大島一個叫威美亞的地方之後，我拿到私立學校的獎學金，這時我開始思考之後到底要學什麼。

「有一天我不經意看了室友的書架，看到一本薄薄的小冊子，書背上寫著《Self I-dentity through Ho'oponopono》，這書名讓我感到震撼，於是把手伸向這本書。當室友發現我想要去拿這本書時，她對我說：『你對這本書有興趣嗎？』

「學校裡最害羞的學生就屬我，但這時我竟然大聲說『對』，朋友都嚇了一跳。我對這本簡單的ＳＩＴＨ小手冊十分入迷，看了一遍又一遍，看到每頁都快被我磨破的地步。

「自從我九歲搬到夏威夷以後，能讓我跟我的根源有所連結的，只有父母和兩個哥哥，所以我一直從他們身上找尋『我是誰』的答案。每當我在戀愛和人際關係上受挫時，我就會硬從他們身上找出一個答案，所以當時光是聽到『眞正的自己』這句話，便覺得好開心，好像中心突然開始動了起來。

「不久後，我成年、結了婚，婚後馬上懷孕了。當我的小孩在肚子裡時，我又聽到了那個聲音：『我到底是誰？』

「於是，我覺得非得學習ＳＩＴＨ不可。儘管現在肚子裡有著新的生命，但是生育小孩的我，到底是誰？我覺得要是不明白這點，我就什麼都做不到。

「我從十幾歲邁入二十幾歲時，總是不明白自己到底該做什麼，彷彿一直搞錯該待的地方。這時雖然我已經結婚、懷孕了，但我覺得不能再讓自己這麼徬徨下去。在即將被波浪淹死前，我終於發現有條繩索出現在眼前，於是靠著自己的意志握住繩索。這樣聽起來或許很誇張，但當時的我是很認真的。現在回頭想想，當時正是我的尤尼希皮里，拚命將我引導到荷歐波諾波諾那裡。

「一九九六年，我參加了在大島舉辦的基礎課程。課程中提到，至今我出現的所有錯誤與痛苦，都是不斷重播的記憶，這點讓我完全心服口服。明明我沒有出什麼大錯，卻總會因此感到消沉。對於這樣的自己，我終於能夠接受。

「舉例來說，在學生時期，每天早上我永遠不知道該選哪件衣服。一般青少年在做這件事時，應該都覺得高興得不得了。最後我會隨便挑一件衣服穿去學校，結果每次都覺得很丟臉、與旁人格格不入。在我幫忙做家事的時候，就連選盤子這種單純的小事，都讓我覺得辛苦，但我還是勉強選了盤子擺到桌上，結果也一定會被家人取笑。我一直都知道是自己想太多，但這種事對我來說，影響非常嚴重，丟臉到臉都發燙，甚至會想挖個地洞鑽進去。我不管在哪裡都會發生這種情況。

「在我交了男朋友之後，跟他約會時，或是每當到了新學校和新朋友相處時，我都會感到很不自在，沒辦法表現出眞正的自己，沒辦法立即去做對的事。

「所以在我上了荷歐波諾波諾的第一堂課後，我開始能夠一點一點用直覺去感受，雖然都只是些微的小事，但這開始讓我的人生變得非常輕鬆。例如說，當我突然想去看電影的時候，就剛好有朋友找我去看電影，於是我在一個很棒的時間點去看了場電影。還有，我也會在開車時突然想走平常不會走的路，結果就這樣避開了塞車。這樣的事情開始自然而然的發生。

「雖然這都只是些小事，但都是原本得絞盡腦汁，不拚命想就沒辦法決定的事；就算決定了，也還是會感到與周遭不協調。因此對這樣的我來說，突然在人生看到了色彩。我第一次產生信心，覺得我正生活在夏威夷這片土地上，創造著幸福的每一天。我也開始能用對等的心態，跟人相處，人際關係也變得越來越好。就像是齒輪對上了一樣，我看到未來正向我敞開，感覺自己跟道路、車子和人之間，產生一股恰好的平衡，而我便活在這股平衡當中。這是第一件讓我感受到，『我現在正待在對的地方』的事情。

「在我要上高中的時候，英文已經說得很標準了。但就算過了二十歲，每當要說英文時，心臟還是會噗通噗通的狂跳。上課時，我鼓起勇氣問了那時擔任講師的修藍博士，他回答我：

「『只要你找回自我意識，你的英文也能找回自由。並不是你在心跳加快，而是因為你的英文跟斯洛伐克語重播了所有的記憶，感受到恐懼的緣故。你一說起英文，斯洛伐克語就會心跳加快。只要去清理你的體驗、名字、家人、住址，就不會有問題了。土地也有意識。如果你在沒有清理的情況下，被迫跟住過的土地分開，體驗到這種打擊時，只要去清理就好了。』

「我終於能夠理解，一直感到很難過的眞正原因。我一直到九歲爲止，在斯洛伐克都跟親戚和兒時玩伴住得很近，大家感情都很好。而來到夏威夷後，卻只能透過父母，才能跟出生的國家有所連結，我在夏威夷這片土地感受到寂寞。我也了解其實記憶從更早以前，就一直持續到現在了。於是，我開始清理對自己的名字、家人的名字、當時住過的土地，所懷有的各種心情。不可思議的是，從那時候開始，我跟丈夫和他家人的關係變得越來越好。丈夫是夏威夷原住民，家族十分龐大。相對之下，我的家族就只有移居過來的五個人而已。每當我跟新的家族在一起時，總是呈現一種被壓倒的狀態。而這一點產生了變化。我變得可以仔細看著他們每個人的臉，用英文跟對方好好說話。

「荷歐波諾波諾會清理祖先，不論家族的規模大小，只要持續清理，內在的歷史便會被確實修正，中心也能整頓起來。我感受得到。

「我到現在還是覺得，如果沒有這個中心，我根本沒辦法在這環境下養育四個小孩。

「當然，從我第一次參加課程，直到現在為止，我的人生還是一直出現問題、悲傷和憤怒，畢竟最近我也才剛離婚。但是我始終擁有一個軸心，無論何時都會想著『啊～出現了一個清理的機會，這是一個讓我放下記憶的機會』。多虧如此，我現在才有辦法過著一個人的生活。我跟小孩之間的信任也增加了，越來越懂得彼此尊重。和前夫以及他的家族之間，在彼此需要的時候，也會在完美的時機互相支持。而在工作方面，我擔任KR的祕書已經八年多了，這份工作可以展現出我的能力，也能讓我在經濟上自立，因此也從中得到了自信。

「現在的我很幸福。當我必須對孩子說些什麼，或是必須指正他們的時候，而小孩卻不願意聽我說話時，我就會察覺到『喔！又是一個清理的機會』，於是會在清理後再跟他們說話。有時候事情馬上就會好轉，而有時也不會那麼順利。不過，只要內在仍然重播著記憶，事物便不會有實際的進展。

「我一直覺得，能夠一邊清理一邊養育小孩，是件很幸運的事。」

清理我們的記憶，往前走

「在你決定要結婚的時候，你已經認識荷歐波諾波諾了，那時你做了怎樣的清理呢？」因爲當時我正準備在隔年結婚，所以忍不住想問卡琳這個問題。

雖然我很高興自己遇到很棒的對象，但另一方面，由於對方是外國人，而且婚後我就要開始在國外生活了，因此無論再怎麼清理，內心始終還是忐忑不安。

「說起來，在我通知修藍博士和KR，我要結婚的時候，他們兩人對我說了這樣的話：『**請你持續仔細清理想要結婚的動機**。』

「當時我是因爲戀愛而結婚，所以在他們對我說這番話的時候，我根本不明白所謂的動機是什麼。可是我馬上發現，其實我強烈希望透過結婚而堂堂正正的取得國籍，在這個國家、這片土地上生活。所以我持續清理了這個動機。

但是，現在回過頭想想，我覺得多虧如此，儘管原本並不相信自己具備足以一個人生活的能力，但卻能有現在的生活，都是因爲藉由結婚，讓我得以清理不信任自己的緣故。」

自從確定要結婚了以後，喜悅的反面，我也有著同等的不安；擔心會不會發生什麼可怕的事情、會不會遭到什麼報應、會不會受到什麼報復。我在不知不覺中擔心，「要是結錯婚的話該怎麼辦」「要是結錯了婚，我就會不幸福」。

「聽說從前每當有女性來找莫兒娜商量結婚一事時，莫兒娜都會給她們這樣的建議。

「『**並沒有什麼結對婚、結錯婚這種事。之所以會結婚，是因為這樣才有機會清理記憶。相反的，有時候想結婚卻結不了婚，也是一個清理記憶的機會**，這種情況有可能發生。不管是哪種，只要你能持續清理，就會降落在對的地方。因爲不斷清理內在，所以才到得了那個地方。』

「雖然我一次也沒有見過莫兒娜，但是我一直把這番話記在心裡。

「事實上，在我的婚姻生活中，身體經常出現問題。我能做的當然都做了，也去了醫院，重新檢視生活習慣。可是身體的問題還是一個接一個出現。

「就在這時，我在清理的過程中，決心要離開這個家。我跟先生說了之後，他對我說：『沒關係。不過只能你自己一個人離開。』雖然那一刻我哀嘆自己深受疾病所苦，還遭到這種對待，不過也心想『唉，我再也不要忽視尤尼希皮里說的話了。從現在開始，我要漸漸找回對自己的信任。』我心想，**不管再怎麼寂寞、再怎麼忐忑不安，若是基於愛自己所得到的結果，事情就不會變得更壞**。於是我離開了那個家。

「最讓我驚訝的是，在我搬出來沒多久，身體狀態就變好了，血糖值大幅變化，迅速回到正常值。在我罹患疾病的時候，只能透過疼痛和坐立難安的感覺，來看待前夫。我沒辦法以正面的角度看待對方。

「但也不是說自從跟他分開後，我的病就好了。簡單來說，從我決心要和丈夫分開的那一剎那開始，終於得面對自己了。我發覺他明明早已不在我的眼前，但我仍然不斷對他感到煩躁與憤怒；這跟他沒有絲毫的關係，都是我內在的記憶播放給我看的。當我終於發現這點時，事情產生了變化。

「首先是對他的感謝。雖然我一直都忘了，但是，其實我之所以能夠在歐胡島安心生活到現在，之所以能夠體驗幸福的感覺，都多虧了他。我之所以能夠跟我美麗的小孩相遇，也多虧了他。

「我終於能夠將他視爲一個値得尊敬的人，並用這個角度來看待他，我已經好幾年沒有這樣了。可是，我覺得這種感覺好像跟什麼很像，才發現，這就是我對自己的感覺。雖然我太胖，而且也莽莽撞撞的，但卻是個寶貴的存在，我愛現在的自己。那種感覺跟這種感覺非常像。從這時候開始，我的身體就一口氣出現了變化。

「我的父母是十幾歲就結婚的年輕夫妻。當時斯洛伐克是共產主義國家，他們對這點感到反彈、不想屈服，所以便帶著家人移居到夏威夷。修藍博士曾經對我說，我要在婚姻生活中清理這個反彈的記憶，這可以爲小孩的人生帶來很大的支柱，而且最重要的是，能幫助我活出眞正的自己。

「『你只是活在雙親的歷史當中而已』，這句話講得實在太對了。雖然我人生中絕大部分時間都在夏威夷，但我的記憶卻在不斷重播。所以儘管拚命努力想要當個好妻子、好媽媽，卻又不停反彈，才會感到疲累。

「養小孩會遇到很多事情。我的孩子很健康，而且非常可愛，但光這樣我還是無法滿足。當他們哭個不停、不吃東西的時候，我就會在意周遭的目光。

我也想當個最棒的妻子和母親，但當我感到生氣、痛苦，便覺得丟臉得不得了。這時，荷歐波諾波諾救了我。

「有一次我跟KR說了我的煩惱，她對我說，『如果再一直這樣下去，你會沉溺喔。』如果只一味用頭腦來想辦法解決問題，不去動動身體的話，就會沉到水裡。所以我一邊清理，一邊養育小孩；一邊清理，一邊跟丈夫吵架。就在我這麼做的時候，使用方法出現了改變，也開始把該講的話講出來了。我自己產生了變化。

「在我最痛苦的時候，修藍博士對我說：『讓你感到痛苦的是你的後悔。這分後悔從很久以前就存在了，而且也不是來自於你。後悔是從你的家人、祖先一直延續下來的，只是你因為結婚的關係而重播了。只要不斷去清理這些，你就有辦法繼續前進。』

「之後我也照常養育小孩，繼續我們的婚姻生活，然後走到離婚這一步。小孩現在跟我前夫和前夫的父母一起住，到週末會過來我這邊。現在我們是這樣的狀態。如果從記憶來看的話，可以找到許多悲慘和不幸。但是，我現在卻比至今爲止的任何一個瞬間，都還要富足。」

當卡琳說這些話的時候，她看起來比我看過的其他時刻的她，都還要天真無邪且堅強。

「第一次自己一個人住，感覺如何呢？」我問她。

「老實說，在我決定要離婚的時候，我媽媽正住在別的島上，而且我也不想跟小孩分開，自己也沒什麼預算，實在不知道該住在哪裡。但是，我決定從現在起，一定要好好當尤尼希皮里的母親。清理了心中的不安、憤怒和恐懼的心情後，我想起當時只帶著一個行李箱，就從斯洛伐克來到夏威夷的年幼自己；想起當時內心的恐懼，完全不知道要到哪裡去；大家看待我的眼神，像是看待異端分子一樣，讓我覺得很難熬；也失去了原本一直待在一起、很疼我的爺爺，因此而感到傷心，我發現這些記憶一直歷歷在目。我找不到自己的歸屬，一籌莫展。明明都已經在夏威夷生活了幾十年，卻發現自己仍然還在看著那些事，仍然還在求助。

「我清理了這些心情，稍微冷靜下來以後，打開電腦，輸入預算和地區的名稱，接著就出現了刊有照片的網站，於是聯絡了對方。這些手續當然也是第一次辦。我來看了這間房子，結果房子正合我意。『你覺得如何呢？』因爲對方這樣問我，所以我便回答『好，我要這間房』，當場就決定搬進來。雖然裡面完全沒有任何家具，但是當我去了趟車庫拍賣後，發現了一張剛剛好的沙發。床和廚房用品也在一瞬間就全都湊齊了，簡直就像變魔術一樣。我把這件事跟朋友說，結果她很驚訝，她說我搬家的過程跟一般人比起來實在簡單太多。明天這些家具會一口氣送過來，我實在期待得不得了！

「這件事情如果放在漫長的人生來看，大概只是些無關緊要的小事，可是當人處在極度混亂的狀態時，如果出現了一點奇蹟或是偶然，就會讓人覺得很滿足，會覺得『啊！在神性智慧的安排下，我確實被守護著，我還有辦法再繼續走下去。』光是能夠體會到這點，對我來說就已經是個很大的禮物了。

「對我來說，持續實踐荷歐波諾波諾，就是『be pono』『live pono』，是一件正確的事，並用正確的方式生活。荷歐波諾波諾所說的正確，指的是活出眞正的自己，找回跟事物和諧共存的自己。」

卡琳總算和尤尼希皮里一起找到自己的歸屬，她的眼角閃爍著美麗的淚光。卡琳平常很少講自己的事情，雖然我來這裡是爲了跟她做事前確認，但之所以會來到這裡，搞不好是荷歐波諾波諾爲了讓我親眼見證，一名女性產生美妙變化的瞬間。

「謝謝你陪我講了這麼多話。雖然我說不太上來，但是像你這樣把荷歐波諾波諾的事寫成一本書，推廣到那些我到現在一次都沒去過的地方，這一切都讓我好開心，讓我可以更清楚的感覺照在道路上的光。眞的很棒。」

有些人不斷清理，從而開拓自由。對此，我心中感謝與尊敬之情油然而生，無以言表。對於那些令我感到疑問的事物，我總是視而不見。比方說，關於我深愛的家人，以及我的結婚對象，因爲是非常喜歡才與對方結婚，所以我就不去清理；**我會像這樣去挑選清理的對象**。我甚至會感到恐懼，覺得明明只是在清理一個又一個的體驗，不知道這樣做到底會出現什麼樣的變化。而這種**恐懼，也是一種記憶**。

從世人的角度來看，卡琳在今天這一刻，應該是人生中相當黑暗、非常低潮的時期。但我眼前的她，正清理著自己所有的歷史，並滿溢著能量。

我從她強而有力的態度中，察覺到仍有記憶殘存在我自身當中，於是我也立刻開始清理。

第三章

生命中比任何事情都重要的事

在卡琳送我出來後，接下來要去的地方是夏威夷凱。夏威夷凱全年幾乎都是晴天，所以較爲乾燥。當我來到小艇碼頭附近、街道上林立著出租公寓時，時間還只是上午，但天空萬裡無雲，陽光將馬路曬得發燙。

馬拉瑪·馬可維奇女士六十幾歲，她這幾十年來，擔任荷歐波諾波諾的董事會成員，與KR女士、修藍博士，以及莫兒娜等人一同進行相關活動。她長年於美國退伍軍人事務部的健康管理部門，進行榮民與退役軍人的創傷後心理壓力緊張症候群（PTSD）的照護工作。

她指定的見面地點，是在她出租公寓的廣闊中庭。六月下旬的夏威夷已經是夏天了。九重葛、緬梔花（雞蛋花）和其他不知名的熱帶花盛開，彷彿就像一座樂園。過了一會兒，我看到一位女性抬頭挺胸的從遠處走來，正是馬拉瑪。「她是我的好夥伴，我們常常一起做晚餐吃。」在我第一次遇到馬拉瑪時，KR向我這麼介紹，打從那次以來，這是第二次與她見面。

「謝謝你特地過來，很高興再見到你。」

我們笑著握手，她馬上給我一個大大的擁抱。在這之前，現場安靜到彷彿時間停止一樣，只有燦爛的陽光照射下來。這時突然吹起一陣風，吹響了四周。

「這簡直就像HA呼吸一樣（請參照第九章），對吧？或許神聖的氣息正守護著我們。因爲我跟你都有一點緊張，所以Mana（指生命的力量）就在我們的內心被記憶塞滿之前，爲我們吹來神聖的氣息。我常聽修藍博士說，這是一份神聖的工作，所以我們絕對不可以忘記清理。」

馬拉瑪笑著說，接著坐到中庭的長椅上。今天這種天氣實在讓人覺得水喝起來十分可口。我將寶特瓶遞給馬拉瑪，跟她一起喝水。此時安靜的連我們嚥下開水的咕嚕咕嚕聲都聽得見。

清理回憶，讓它成為一陣風

「莫兒娜受到了指引。」馬拉瑪開始說。

「傳統的荷歐波諾波諾，是藉由一群被稱爲卡胡那的特定人士，將神性智慧交到那些他們認爲是問題原因的人們手上。莫兒娜也是一位卡胡那。莫兒娜有一天感覺到，要是她再繼續進行這個儀式，內在的眼睛就會再也看不到東西。不管是什麼樣的存在，都與『源頭』及『神性智慧』直接連結，並且活在靈感之中。但其實，任何存在都能收到這樣的禮物，而傳統的荷歐波諾波諾卻非得要以他人作爲媒介，才能達到這樣的境界，她認爲這種方法總有一天一定會面臨瓶頸。這分缺陷隨著時代的變化，總有一天會在互相推諉業障的過程中，使問題變得更加嚴重。

「於是她開始靜心，接著從靈感中得到讓每個人在任何時候，都可以找回完美自己的一種方法——Self I-dentity through Ho'oponopono。而這就是跨越血統純正的夏威夷原住民這道框架，萬物皆可適用的新荷歐波諾波諾的誕生。」

我對傳統的荷歐波諾波諾並不清楚。有時候在演講上會有人問，「傳統的荷歐波諾波諾和我們現在使用的回歸自性法有什麼差別？」這時，講師們會回答：「我不知道。」僅僅如此。他們不會比較，也不會分析。講師會繼續接著說：「我唯一感興趣的是，**我是否有用現在知道的方法來清理**。」

因此，馬拉瑪的這番話讓我覺得新鮮，同時也感覺哪裡怪怪的。

「在莫兒娜開始推廣荷歐波諾波諾回歸自性法的時候，她對身邊爲數不多的那些人說：『接下來我們在推廣這個新方法的過程中，會需要不斷去清理判斷的記憶。我們也可能會體驗到一些爭執，例如和別的方法相比較，或是去爭論某個地方和某個東西是不一樣的。但就連這樣的體驗，也都是原本就存在於內在的劇本。這跟世界上的戰爭，在意念上都是同質的。我們不要忘記，自己藉著這個方法而選擇了自由。我們從自由當中做出選擇，我們愛著尤尼希皮里，而這就是我們自己。只要回到用這個與世界接觸的狀態下，便能自然找回與一切智慧與律則相調合的狀態，不須仰仗他人的判斷，也能活在這份訊息之中。』

「我跟你都選擇了自由，我只是想先確認這點。好了，這話題就到此爲止。」

馬拉瑪的表情很平靜。在我聽她講話的時候，內心深處有個小小的疑惑。這懷疑絕非對於荷歐波諾波諾；我疑惑的是，我是否眞的能夠自由選擇自己的人生？多虧了這個機會，讓我可以去清理這個想法。我更加深刻明白，即使荷歐波諾波諾很深奧、令人捉摸不清，但如果我選擇了自由，只要去清理就好。

「我遇見荷歐波諾波諾，剛好是在我姊姊診斷出患有思覺失調症的時候。母親在報紙上看了莫兒娜治療師的報導，知道了這個課程，於是我們就去參加。當時我還很年輕，是護理學校的學生，在當時的我眼中，莫兒娜是優雅的夏威夷阿姨。上課上到一半時，她突然走到我身邊對我說：『**了解真正的自己到底是誰，比背誦乘法、增加朋友、結婚、存錢，比其他任何事情都還要重要。**』

「她突然對我說這番話，表情看不出是在笑還是在生氣，儘管如此，我卻發現自己很喜悅。長期下來，我看著姊姊精神狀態越來越不穩定，覺得很難過、很想幫助她。家人也日益疲勞困頓，而我卻沒辦法解決現狀，這令我感到憤怒。我採取的方法就是不去做任何快樂的事情。爲了維持家計，我努力讀書學習，幾乎不做其他事。所以，雖然這時我還不太了解荷歐波諾波諾，但這位迷人的女性告訴我，將注意力放在自己身上，比其他任何事都還要重要，而這讓我感到非常開心。

「我在課程的休息時間，找莫兒娜談了姊姊的事情。我告訴她姊姊對別人和自己都以暴力相向、現在正住在精神病院裡，並詢問她要怎樣才能治好姊姊。當時莫兒娜說的話，我到現在還記得清清楚楚。

「『**當我遇到問題的時候，或是當別人面臨不幸的時候，我不會想去改變對方。我會清理自己。**這樣做不是爲了別人，是因爲**只要你不消除那些包覆著的記憶、不原諒那些記憶，事情就不會改變。**若不拯救自己，你也沒辦法拯救任何人。只有某些人受惠、只有某些人損失——宇宙中原本就不存在這種平衡。你看到外在的世界後，感覺到不協調是代表內在失去了平衡。在你反覆進行判斷的過程當中，並未活出自己。這情況就像是坐在一個永遠不會停止的旋轉木馬上，不斷看著幻影一樣。』

「老實說，當時我受到很大的打擊。因爲我原本期待見到莫兒娜後，她可以改變一些事情、可以把姊姊的病治好。莫兒娜宛如聽到我內心的聲音，又接著說：『你不開始清理，就算事情眞的有了改變，也只能用記憶觀看。你的記憶正在說：世界上存在著貧窮、政治人物是壞人、家裡有病人，只要有這些情況，世界就不會和平。可是，這些是你經歷了好幾個世紀累積下來的。對於絕對智慧所帶來的仇恨與脅迫記憶，**你的尤尼希皮里為了向你證明這點，於是一而再、再而三的變換問題型態，不斷想讓你看到問題。只要你不放下記憶，就看不到身邊的人，也不會注意到身體上的微小變化。你沒辦法注意到奇蹟總是源於自己。』**

「莫兒娜的口氣非常嚴肅。等我回過神來，才發現她把手蓋到我的雙眼上問我：『你看得到嗎？』這時我感到自己因爲姊姊罹患思覺失調症一事，而變得一蹶不振。

「『問題不在外面。清理你的內在才是最重要的。』莫兒娜的聲音溫柔到令人不可置信。

「之後，我一直努力跟尤尼希皮里說話。就算姊姊講了可怕的話、採取了可怕的行爲，即使母親累倒了，我也還是會先跟尤尼希皮里說：『對不起，你一直都抱著很痛苦的記憶。請來幫幫我，讓我放下這個記憶。』無論在學校還是在家裡，我都會盡可能問他：『尤尼希皮里，你好嗎？你有沒有想做什麼事，或是想吃什麼東西呢？』我反覆對他說『我愛你』。當然，我同時也一直持續幫忙家裡，但心理負擔卻變得越來越輕，這一點連我自己都很吃驚。

「總之，就在我持續清理與照顧尤尼希皮里的時候，姊姊也出現了變化。那時她住的醫院使用了大量的藥物治療。雖然母親跟我都反對這個做法，但是醫院說，要是不讓他們使用該方法治療，他們就不讓姊姊住院，所以我們也無可奈何。這時，我持續清理對於這間醫院與藥物治療所抱持的判斷與意見。

「結果，過了幾個星期後，我發現姊姊的意識變得比平時還要清楚，我問了醫生，醫生告訴我用藥量減少了。雖然這件事讓我很驚訝，但更吃驚的是，就算用藥量減少了，姊姊的模樣卻並不兇惡。這時我才發覺，我才是那個最覺得『姊姊不用藥就無法保持正常』的人。於是我又重新清理了對姊姊的想法，以及我對思覺失調症抱持的認知。

「這段期間我一直持續參加課程。雖然莫兒娜在課程中沒有說出姊姊的名字，但她卻一直重複說：『我要不斷提醒大家，這個方法不是用來拯救別人的。這方法是用來拯救自己的。一切物理上的存在，原本都很完美。如果你用你的視覺、聽覺、味覺、思考等，體驗到不完美的東西，這就表示是你的問題。原因不在外面。你只需要清理自己的記憶，只要這樣就好了。』

「我就這樣不斷的清理，過了大約兩年後，姊姊的用藥量也減少很多。雖然姊姊還是不太穩定，但是她清醒的時間，已經變得比不清醒的時間還要長，也可以進行普通的對話。有一次我去看她的時候，她說『我想去○○醫院』。一開始我還以爲這大概是她在電視上或什麼地方看到的虛構的醫院。但是回家後查了電話簿，竟然是一間實際存在的醫院。我帶著不可思議的心情，跟母親一起去這家醫院參觀，發現那家精神科醫院極力避免藥物治療，他們透過運動等方式來做長期治療。而且從母親的住處開車不到三十分鐘，比原本那家醫院還要近。

「雖然我不知道姊姊是從哪裡得到這項資訊，她有可能是從別的患者家屬那邊聽來的，但不管怎樣，這都是姊姊憑藉著自己的意志所採取的行爲。我們立刻幫她辦理轉院，姊姊後來一直在那家醫院住到現在。雖然母親已經上了年紀，但這家醫院離家裡近，所以全家人都可以幫忙看顧。

「我的工作是治療榮民和退役軍人的ＰＴＳＤ，這工作我已經做了很久。患者全都是曾待在軍隊的男性。一旦療程持續一段時間後，患者往往會變得焦躁，表現出暴力的一面。但我藉著姊姊的存在，以及清理過那些與姊姊相關的事情，讓我能更加堅定的面對工作。患者確實都診斷出患有PTSD，但我都會先清理內在，再與他們相處，所以便更清楚該做些什麼。這邊的醫護人員經常辭職或出現人事異動，而我卻很穩定的待著。把這工作看作是我該扮演的角色，之所以能夠如此，是因爲姊姊讓我看到了靈感，還有，因爲尤尼希皮里不論何時都支持著我的緣故。只要發生問題，就是我和記憶沒辦法接軌的警訊，也就是清理的機會。」

我一邊聽著馬拉瑪說話，一邊回想起已經去世的表弟泰特。他住在美國，當時是一名大學生，在九一一發生的多起恐怖攻擊後，他出現了夢遊症。半夜他會在提高警備的街上徘徊，當時員警並未保護他、而是逮捕了他。就這樣被強制送去醫院住院，醫院讓他吃了許多無法想像的藥物。最後警方雖然允許他回家，然而由於併用多種藥物的緣故，導致他陷入意識不清的狀態，在家人視線離開的空檔，發生意外事故而去世。

我發覺我也將這件事歸類到不清理的類別當中。對這件事我感到無可奈何，這是發生於外在的不幸，我沒辦法拯救家族的任何人，因此我終究是無力的。我得出這樣的結論，至今一直沒有好好清理。儘管每當我想起表弟，感到悲傷的時候，都會清理，不過聽了馬拉瑪的這番話，我察覺自己對於精神障礙有一股恐懼；對藥物抱持著極端的偏見；對員警和醫院這些權威，有一股無力感和憤怒，我仔細去清理這些想法。雖然我對此感到恐懼，但每當清理的時候，就會想起從前跟表弟一起玩的回憶：想起他喜歡跳舞、他的臉長得跟我比較像、我帶著梅乾當伴手禮他非常開心、他超級優秀甚至還跳級讀大學、雖然我的數學完全不行，但是他一點都沒有取笑我……我想起了像天使一樣和善，家族所有人都很喜歡、體貼的泰特。

不知道從什麼時候開始，我變得只能以不幸的死亡來回憶他。我越清理就越能感覺到泰特在這裡。我越是去清理我的想法，內心裡的他就變得越來越自由。當他還健康的時候，他簽過器官捐贈同意書，所以在發生事故、確定腦死後不久，便立刻被直升機送往需要的患者身邊。當時家族全員都在一旁看著這一切，我清楚回想起那天是一個爽朗的晴天，天空是非常清澈的藍。我越是清理，泰特就越清晰鮮明。我希望泰特變得更自由，我希望他可以是自由的。

不，一直以來失去自由的是我才對。有責任讓我體驗到泰特回歸自由的，只有我。

雖然一直以來我都沒能去清理，不過眼前又再次出現了清理的機會，這是件多麼難能可貴的事。

我們待的地方又吹起了大風。說起來，從前泰特好像常說他想去夏威夷看看。

所有的存在都是完美的

「愛綾，你看過伊賀列阿卡拉（修藍博士）生氣的樣子嗎？」

馬拉瑪突然問我這個問題。我常常看到博士在演講中以嚴肅的口氣回答問題，或是當我沒有清理，導致慌忙行事或情緒化的時候，博士也常會以無聲告誡我。儘管如此，仔細想了想，我還從沒見過修藍博士生氣的樣子。

「我有看過修藍博士生氣，就這麼一次。當時我以助理的身分去參加課程，課程結束後有一名癌症末期的女性找博士講話。她被醫生宣告剩下三個月的壽命，她對伊賀列阿卡拉說了癌症的具體症狀，但她本人的態度非常平靜。她說她已經接受死亡，來這邊是想要在死前學習清理的方法。伊賀列阿卡拉靜靜聽她說完後，溫柔的抱了抱她，對她說：『你是一個神聖的存在。我很榮幸見到你。』

「伊賀列阿卡拉在這時期，開始以訓練者的身分教授課程，而莫兒娜則在房間的角落透過靜心的方式參與。事情發生在我和其他助理以及伊賀列阿卡拉，還有莫兒娜坐車回飯店的路上。當時車裡非常安靜，但是伊賀列阿卡拉的樣子跟平常有點不太一樣。莫兒娜可能也發現到這點，她突然說：『請停車。』當負責駕駛的助理把車停下來後，莫兒娜說：『現在需要清理。』修藍博士回應了莫兒娜的話，他用低沉而清晰的聲音說。

「『治療人們是一件很神聖的行為。我們所有人在跟別人相處的時候，都必須把對方看作是神聖的存在。醫生扮演著醫生的角色，在現在這個時代，必須告知患者的剩餘壽命，這點的確也很重要。但是，如果沒有察覺到對方是個神聖的存在，那麼，對方和對方的靈魂便會迷失。』

「雖然修藍博士原先一直很安靜，但當他說出這段話的時候，我發現他在生氣。車裡的所有人都各自清理了自己的體驗。過了一段時間，莫兒娜才開口說：『這是存在於我內在的記憶，疾病存在於我的內在。**若不把對方看作是完美的存在，就會使靈魂變得不自由**。實際上，任何事物都各自在自由的道路上，而硬將抱有疾病的人類從神聖中分離的記憶，是存在於內在的記憶。謝謝你讓我看到這些，伊賀列阿卡拉。』

「過了一會兒大家沉著下來，我們便回到飯店。這並不是說宣告患者剩下三個月的壽命是不好的，醫生也沒有錯，但是，伊賀列阿卡拉肯定是從這體驗中看到我們內心在不知不覺中都病了，也看到人類原本就應該無條件充滿著無限可能。」

我一句話都說不出來。要是我生了病，也會把醫生當作神，希望醫生能盡可能給我最好的治療。一直以來，當我的家人生病或受傷時，我也會拚命祈禱，希望他們能接受最好的治療。雖然以後我可能還是會這麼想，但仍必須去改變自己的歷史才行。不該只是去悲嘆病人、傷患、那些日漸老去所愛的人們以及自己。他們的靈魂一直都是完美而美麗，且無可取代的，我想要重新找回內在的這分連結。

沒有人知道我表弟的眞正死因。但是，當家族體驗到這意外的死亡時，一切充滿著許多謎團，怎麼想都得不出一個結論。不過，得以讓一個生命結束運作的這龐大且複雜的存在，肯定是無法用意識來掌握的。

我能做的，只有去清理失去他的悲傷、痛苦、懷念與難以忍受的感覺，以及對於做過與沒能去做的事，所感到的後悔與罪惡感。我清理偶爾想起的他的模樣，和對他的思緒，讓自己變得越來越澄澈。而在這過程中，我對於一個已經去世的存在，仍然會湧出像愛一般的情感，應將這情感化爲自己的道路，活在當下。我能做的，也只有這樣，而且，我想這便是神性智慧帶給我，與人們及家人之間連結的眞正意義。如果沒辦法感覺到愛，只要持續清理就好。修藍博士常說，**愛本身就是真正的自己**。

當然，清理還是爲了自己，不過，只要愛再度於內在開始流動，肯定就會成爲廣大世界裡的唯一魔法，讓生與死等一切事物，各自得以回歸到原本的道路上。同時我也明白，在遠方不知道的某個地方，某些人或某些動植物不經意發出的魔法，肯定也讓我好幾次度過了難關。

而無論何時都不停止運作，是我唯一能帶給尤尼希皮里的生命養分。

「我們差不多要道別了。謝謝你給我一個很棒的清理機會。多虧了你，我終於看到現在應該清理什麼。」

道別比我想像中還要乾脆。馬拉瑪確認我接下來要去的地方後，又再次擁抱了我，接著快步走向出租公寓。我目送她離開，就在我要上車的時候突然發現，不知從何時起，再度吹起一陣又一陣的風。

第四章

活出你自身的藍圖

下個目的地是納卡薩特夫婦家，地點在卡拉瑪溪谷。我向當地人詢問得知，從夏威夷凱到那邊，開車大約要二十分鐘。路上的景色漸漸轉爲牧場和小型田地，坡度越來越大，綠油油的牧草地依舊綿延。隨著高度越來越高，陽光也變得越來越強，空氣還是一樣乾燥。卡拉瑪溪谷從前是夏威夷原住民的居住地，自從對外開放後，至今已經過了三十多年。

我是納卡薩特夫婦的粉絲。六年前大島（夏威夷島）曾經集合各國訓練者和主辦人，舉辦了一個大型的課程。那時，修藍博士請納卡薩特夫婦替會場事前清理。當時我才剛開始實踐荷歐波諾波諾沒多久，我拚命準備水、搬東西、把資料發到每張椅子上。就在這時，這對夫婦在會場中的行爲，讓我動容，於是我一直偷看著他們。他們彷彿像精靈一樣，不發出一點聲音，默默移動到偌大會場中的每個角落，一邊像是在做什麼祈禱。他們的舉動一點都不怪異，宛如是在對地板、牆壁、椅子、甚至每片瓷磚打招呼般，既高潔又美麗。我感覺他們經過的那些地方，空氣眞的改變了。他們跟博士是老朋友，夫婦倆長年在茂宜島教授課程。當天主導課程的是修藍博士，上課上到一半時，他突然望向夫婦中的太太琴，問她：「你現在看到了什麼？」個子嬌小的琴沒有半點遲疑，快速從椅子上站起來回答：「自我清理。」

之後就再次坐下。她簡短的回答讓整個會場鴉雀無聲，因爲所有人都把注意力放到她講的這句話上。以一般的角度來看，博士跟琴的這段對話沒頭沒尾，實在令人無法理解。即使如此，時機和她那大小適中的音量，彷彿就像一個人打嗝打不停的時候，剛好在一個恰當的時機就此停住似的。那一幕給人這種感覺。

還有一件事我也很有印象。大概在這次來夏威夷的一年前左右。當時在台灣舉辦課程，由琴擔任講師。課程順利結束後，隔天早上我送琴到桃園機場，這時發生了一件不可思議的事。我本來就是一個行事比較倉促、草率的人，但在這不到一個小時的路途中，我竟然在講師身邊睡著。我只記得當時心裡想「雖然這條路平時經常走，但今天卻這麼閃閃發光，好漂亮喔」「能坐在琴旁邊，眞的很榮幸」，接著就沒有記憶了。醒來的時候已經抵達機場航廈。我嚇了一跳，急急忙忙付錢給計程車司機，並向琴道歉。結果琴一臉認眞的對我說：「你剛才是在靜心。多虧了你，我也體驗了一段很有活力的時光。感覺很舒服對吧。」事實上，這段睡眠極爲香甜，已經可以排進我人生的前三名了。這麼說可能有人覺得我在開玩笑，但我很重視睡眠。只要睡了一個香甜的覺，一整天都會感到心滿意足。所以當我急忙醒來的時候，也被這分舒服、輕盈的感覺震撼到。並且，當我心想「怎麼可以把這種感想拿來對講師說」的時候，琴就稱讚了我的睡眠。這種體驗是我有生以來第一次。我老實告訴琴，我眞的睡得非常好，結果她卻深有所感的說「眞是厲害」。

辦好了登機手續後，我目送她離開，這時我打算跟她打最後一次招呼，但就在此時，淚水同時從我和琴的眼睛流了出來。我心想「明明不難過，到底爲什麼會這樣？」而這時，琴微笑的走進大門。這對我來說，實在是個不可思議的體驗，雖然我不知道該如何表達，但這不可思議的感覺，讓心裡輕鬆又自在。

總而言之，我一直很期待這次能再見到納卡薩特夫婦。

家的氣息

車子卯足勁攀上溪谷後，進入了獨棟房屋林立的住宅區，眼前只有一條道路。這次我跟住在夏威夷的藝術工作者潮千穗小姐同行，她將擔任此趟旅程的攝影師。就在我們覺得應該還要再繼續往前走的時候，他們兩人立刻從剛才看到的屋子裡同時現身。我感覺出他們全身上下都在向我們說著「歡迎」。雖然他們的個子比較嬌小，但當我看到他們朝這邊揮手的樣子，就感到很幸福。將車子停到房子前面，在我跟千穗下車後，他們立即邊說「歡迎、歡迎」，邊帶我們走向房屋。我好久沒有聽到他們的聲音了，果然是沒有很大聲，卻能清晰進入耳中，接著又溶化到空氣中的聲音。他們的聲音就是這麼的不可思議。

房子周遭非常寧靜，進到屋內後又顯得更加寂靜，裡面是一片冰冷的空間，感覺像是小巧的鄉下教會。房屋整體是全白的牆壁，離大門不遠的廚房有一個天窗，光線直直從那裡照進來。天窗的正下方則是餐桌，我們圍坐在餐桌旁，開始說話。

「我們兩個人的祖先都是沖繩的家系，在祖父那一代移居到夏威夷來。」丈夫雷斯塔對我們說，指了指擺在餐廳裡的家族相片。

「我們到現在一次都沒去過日本（在本次採訪之後，他們於二〇一四年終於前往日本擔任課程講師）。但是因爲祖父母都說日文的關係，所以稍微聽得懂一點點。明明一次都沒去過日本，但卻對日本有種思慕之情。所以現在你們兩位日本人來家裡，我們有種很理所當然的感覺。」琴一邊說話，一邊把她準備好裝有五顏六色點心的大盤子端上餐桌。好像是親戚小孩來家裡玩一樣，熱情的催促我們吃。當我回過神來，才發現自己已完全放鬆癱坐在椅子上了。

「這是他們兩個人耕耘已久的空間，很少會被別人弄亂，儘管放心好了。」我感覺從某處傳來了這樣的聲音。

雷斯塔依序給我們看他跟琴的父親、母親和親戚照片。

「這是琴的爸爸，這是我的阿姨，這是琴的曾祖母，這是我爸爸。」

我發現琴靜靜流著淚。鼻子沒有發出任何聲音，臉也沒有皺在一起，就只是一臉平靜，淚水一滴滴的流下來。

在雷斯塔不斷讓我們看著那些黃褐色的家族照片時，琴呢喃道：「大家都回到他們眞正的家了。」

「話說回來，這間房子眞的很沉靜。」擔任攝影師的千穗說。雖然這邊原本就是住宅區，然而那股乾燥的空氣，又讓房子顯得更加寧靜。但實際上，仔細環視後，會發現屋裡充滿了熱鬧的物品。

小小的達摩擺飾、迷你雛人形、許多精靈擺飾和娃娃，再加上盆栽與無數的藍色瓶子。牆壁上掛著大自然的舊照片，房子裡到處都有像水晶的東西，發出一點一點的亮光。

這種寧靜並不是那種孤寂的靜。這間房子的主人將各式各樣的存在，整頓得有條有理，讓這些我深信不會發出聲音的存在，彷彿傳出了聲音似的，可以自由飛來飛去。而這次則是以大家都能聽見的聲音，像是在回應我心中的想像，琴說了這句話。

「對啊，這個家裡最吵的就是我先生雷斯塔了。」

雷斯塔微微聳了聳肩，笑著把照片放回原處。洋溢的光線、點心的香氣，單單只是坐在這裡，兩人的身影便讓我徹底感到安心。這時琴說：「雖然我們家的東西都雜亂的擺在一起，但是每一天都能創造出平靜。因爲家裡每一個物品都在實踐著荷歐波諾波諾，大家都是自己來決定自己要放在哪個位置。」

雷斯塔指著一個像是用黃豆畫出來的小人偶說：

「就連這樣的小東西也有自我意識。它爲了讓我們放下記憶，所以特地大老遠跑來我們家。它們簡直就跟我們一樣，有著各自的目的，所以今天才會在這裡。掛在牆壁上的這幅風景照，在這瞬間也在實踐著荷歐波諾波諾。」

琴說：「只要你一直清理，每個物品就會告訴你它們應該待在什麼地方、告訴你它應該放在哪裡、你應該怎麼對待它。只要持續透過清理來進行這個步驟，即使這邊只住著我們兩個人，卻能感受到平靜，也感覺每天不斷在跟一群夥伴交流著。」

接著，雷斯塔補充道：

「因爲我們遇到了荷歐波諾波諾，一直不斷清理，所以就可以聽懂它們的話。要是我們感覺不到它們這麼陽光，又充滿靈感的存在，或許我們的生活就會有點寂寞了。」

我才發覺，自從不知從何時起經常聽到「斷捨離」這個詞以後，儘管不是很懂其中眞正的意思，但就開始跟著流行；不管三七二十一直接把東西丟掉，認爲把物品控制在最少才是一種美德。即使是那些莫名深深吸引我的東西，也會在口中說著「斷捨離、斷捨離」。在整理家的時候，也是一味著眼於讓物品減少。雖然當下覺得很痛快，然而家裡變得與其說是清爽，倒不如說給人一種不上不下的感覺。

因爲荷歐波諾波諾的關係，我認識了擔任建築師的遠藤先生，他有一次說了這樣的話：

「要眞正完成一間房子，必須要有『氣息』。可能是一間感覺得到母親氣息的房子，也可以是植物或動物的氣息，要是這間房子擁有一個跟它恰到好處的氣息，就會讓人住起來很舒服。」

他所說的氣息，或許可以代換成自我意識。荷歐波諾波諾認爲房子也有自我意識。也許只要藉著清理，讓屋子展現出氣息的話，不管物質是多是少，都能形成一個讓人舒服的空間。

納卡薩特夫婦的家就是這種感覺。明明有許多物品，卻不沉重，甚至還很明亮，空氣流動在其中。

與莫兒娜相遇

「雷斯塔在大島長大，我在歐胡島長大。我們彼此長大成人後，因爲工作的關係搬到茂宜島，在那裡透過相親第一次見面時，我心裡就知道以後會跟這個人結婚。我在二十九歲結婚，到現在已經過了三十四年。我們在結婚的三年後，遇見荷歐波諾波諾。」琴開始說。

「有一天早上，在一份叫《The Maui News》的當地報紙上，刊登了一位女性的照片。那就是莫兒娜。當我看到她的臉，不知道爲什麼，心裡就覺得終於見到該見的人了，胸口莫名滿溢著悸動。我第一次這樣，光是看到一個人的臉就感到很滿足，像是拼上了缺少的那塊拼圖一樣。即使我看過許多雜誌和電影上那些美麗的明星臉孔，也從未感受到那種感覺。所以我覺得，在了解荷歐波諾波諾和它的概念以前，我的尤尼希皮里就已經努力想讓我注意到這份資訊了。」

雷斯塔聽了以後也說：「在接觸荷歐波諾波諾之前，我有時候會看一些關於各種神和精靈的書。我也看了很多關於日本靈性的書。有時候我推薦給琴看，她都一臉沒興趣的樣子，書放著人就走了。但是，那份報紙報導莫兒娜要舉辦演講，當我問琴：『你有興趣的話要不要去看看？』結果她卻回了我兩次：『我要去。』這真的很有意思。雖然報紙上面寫的內容，比我一直以來推薦給琴看的任何書，都還要更加不可思議，但重點是她竟然會主動想要去聽這方面的東西，這讓我很驚訝。

「那場講座是在星期六早上，地點在茂宜市一個用來舉辦結婚典禮和派對的禮堂。我們進入會場以後，馬上就發現坐在會場右邊的是莫兒娜。我們找位子的時候，看到右前方剛好有兩個空位，於是坐到了那兒。莫兒娜原本閉著眼睛，像在靜心。結果，她突然睜開眼睛看著我們，微微一笑，接著我感覺她呢喃道：『終於見到你們了。』我想說怎麼可能，應該只是聽錯，但心還是噗通噗通的跳。

「我和琴第一次接觸荷歐波諾波諾時，也是我們第一次見到莫兒娜的時候，感覺有股超乎言語的東西，以物理的方式向我們內心深處訴說著什麼。講座進行到一半時，莫兒娜突然對我說：『請你移動這張桌子。』於是我走到她前面，打算把那張照理來說應該很輕的塑膠製桌子抬起來，但桌子卻紋風不動。這時，莫兒娜直直盯著我的眼睛看。有一瞬間我甚至連自己的身體都動不了。之後我才聽莫兒娜說，原來她從我背後看到了我的過去和歷史。她就這樣了解了我這個存在。」

琴開口說：「莫兒娜像這樣看著她所見到的人們的過去與歷史，並藉著清理來與這部分進行接觸。講座結束以後，她又再次對我們兩個人說：『眞的很高興能再見到你們。』雖然肉體上是初次見面，但莫兒娜發現她跟我們在過去的歷史中，其實已經見過面了。

「這時，SITH組織的基礎仍尚未建立，同時也不具有現今課程的形式。莫兒娜告訴我們，爲什麼她會在這種情況下，突然在茂宜島的窮鄉僻壤舉辦講座。『這個月中在茂宜島舉辦講座。』僅僅是因爲她聽到這句話。莫兒娜從出生的那天開始，就一直聆聽神性智慧傳來的靈感，並予以實行。就在莫兒娜親自向茂宜島市公所詢問相關事宜時，馬上就找到會場，而且還得以免費在《The Maui News》刊登講座資訊，甚至受到採訪。

「『在這種自然流動的地方，可以讓我再次見到該見的靈魂。對我個人來說，什麼東西是必要的並不重要，那時我並不明白為什麼要辦在這裡，但現在我懂了。』莫兒娜這麼說。」

生來即被賦予的藍圖

雷斯塔接著說：

「莫兒娜在建立SITH組織之前，一直都是一個人按照靈感的指示，將必要的人聚集起來。在我們以學生身分聆聽演講後，便以助理的身分跟莫兒娜一起進行相關活動，接著再接受指導。然後琴當上課程訓練者，我則是工作人員，仍繼續支援著相關活動。我們也在這過程中遇到KR和伊賀列阿卡拉。

「說起來，每當我看著莫兒娜，總是覺得很不可思議。她老是講出一些令人感到非常意外的話，也會突然打起瞌睡，徹底活在自由當中，但大家卻一致認為最適合用來形容她的詞彙是優雅。她總是讓自己以及周遭的人感覺無比舒暢，宛如綻放在森林裡，發出白光的野生蘭花一般。

「她擺脫了社會創造出來的價值觀，自由的生活著，她的雙手、腳步、穿著和說話方式，都讓人十分感動，覺得『原來人類可以這麼美麗』。

「有一次還發生這樣的事情。有位女性常常來上課，她非常喜歡莫兒娜，她說：『你眞的好迷人。我好希望自己說話也可以像你這樣。』結果，莫兒娜用平靜又堅定的口吻說：**『你在說什麼呢？怎麼會說想要擁有像別人的聲音。這個聲音是屬於我的，你有你自己的藍圖，絕對不可以偏離這份藍圖。』**

「搞不好其實這位女性只是想稱讚莫兒娜的聲音，但她卻非常認眞回覆。」

「藍圖是什麼啊？」我問雷斯塔。琴回答我：

「藍圖指的是建築的規畫圖、設計圖。可是荷歐波諾波諾回歸自性法說的藍圖，指的是神性智慧原本賦予你的才能和目的。而且，**人類、動植物、礦物、原子和分子等一切存在，都被賦予著藍圖**。各自都被賦予著特別的地圖。

「神性智慧賦予的才能、特性等一切事物，都稱爲藍圖。該去的地方、該做的工作、該邂逅的人、吃的食物——藍圖上甚至還寫了這麼鉅細靡遺的事情。肯定連你身上穿的顏色、遇到的書也都寫了上去。這份藍圖不只我們每個人有，甚至連植物、椅子、動物，還有石頭也都有。該置放的地方、花朵綻放的季節，藍圖上也記載了這些事。

「我們會把這稱爲才能或特性，但這不是一般認知上的那種才能，這是一種放諸四海皆準、且完美的計畫。所以，假如你心想：『其實我不希望自己是黑髮，比較想要金髮，那就表示不滿意自己的藍圖嗎？』這倒也不是。這只證明你的內在有著重播的記憶。如果沒辦法喜歡現在的外表，表示記憶已經浮上表面。所以只要清理這些記憶，就能再次回到藍圖所引導你前往的完美靈感道路上。

「有些人清理了記憶後，容貌眞的產生了變化。越去清理記憶，就越能自然活出自己的藍圖。就像記憶創造出現實一樣，樣貌也展現出你的記憶。

「但是荷歐波諾波諾並不是說：『只要清理，你就會突然變成一般人眼中的美女！』從前，我朋友曾經推薦我去看一個運動醫學方面的醫師。因爲朋友說我太胖了，讓我很在意。那位醫師果不其然也說我的體重比平均重很多，他斷言如果一直這樣下去，我有可能會在幾年內死掉。這位醫師病人很多，加上我多少也會在意，所以聽了他這麼說便感到非常害怕，從此每個星期都上健身房。就在這時，有一天我碰巧遇到莫兒娜，她見到我沒多久就對我說：

「『你現在做的事情，已經跟尤尼希皮里討論過了嗎？最重要的是要提供你的內在小孩一個有安全感、感受得到愛的環境。對你來說完美的身體，跟對別人來說完美的身體，是不一樣的。你的藍圖是屬於你一個人的。』」

「聽她這麼講我才發覺，之所以會做運動、減肥，是因爲我對死亡感到恐懼，也就是說，這一切都是尤尼希皮里讓我看到的記憶。『太胖了』『醫生對我講了那番狠話』『健身房的環境我不太喜歡』『營養食品無法讓我內心感到滿足』，這些全都是尤尼希皮里爲了讓我看到記憶，才引發的事情。於是，我開始重新清理，不上健身房、不去限制飲食，也不吃營養食品，我一邊和尤尼希皮里討論，一邊吃著我喜歡的食物。

「我實際上的外表就像你看到的。但這個肥肥胖胖的自己，讓我感到非常自在。我發覺，當我在這個狀態下跟其他人相處時，會有種很溫暖、心胸開闊的感覺。雖然我的膝蓋長年來一直感到疼痛，但當我開始健走後，疼痛消失了。感覺現在的身體對我和尤尼希皮里來說，就是一個聖域。

「當你活出了藍圖，亦即活出了不受記憶束縛的自己時，外表便不具有美醜的判斷，有的只有靈感。看到了你的身影後，靈感也就因此而回來。

「這在身體的所有運作上也是一樣。當我們清理了對於擁有缺陷的人所抱有的判斷，或是當擁有缺陷的本人清理之後，這個人就能達到眞正的目的。莫兒娜總是說，即便如此，這個特性對宇宙來說，也是寶貴且獨一無二的。」

我想起一件我和母親以前發生的事情。在我讀國中一年級的時候，我和母親兩人快步走過廣尾的商店街。當時我遲到了，母親非常生氣。那時母親的工作極爲繁忙，就連現在回想起來都會說：「那個時候我眞的很痛苦，完全沒有多餘的心力。」當時的她歇斯底里、做事又極度簡潔有力，老實說，那時我覺得母親非常可怕。

我們會合後，正要去看現在住的房子。我們來到十字路口前，紅燈馬上就要轉爲綠燈了，這時我看到旁邊有位視障的年輕女性。而此時，十字路口前站了許多人，她拄著拐杖，勉強置身於人群之中。我心想「好危險，但願她不會撞到別人」，並擔心得不斷看著她，但我也想「我們現在正在趕時間，沒辦法管她」，於是又裝作沒看到。就在這時綠燈了，當大家準備往前走的時候，母親突然撥開人群，握住那位女性的手，她拉著視障女性緩緩走過斑馬線。我只是跟在她們後面。斑馬線很短，只有二十五公尺左右，我們在地下鐵的入口稍微等了一下，等待剛過馬路的人湧進地下鐵入口。等到人比較少了，女性露出爽朗的笑容說「謝謝你」，向母親點頭致謝，接著就筆直朝不同方向走去。

我不知爲何很想跟母親道謝，於是抬頭望向她，結果我發現剛剛母親臉上帶著的焦躁表情消失了，取而代之的是像嬰兒般純潔的表情。接著，母親將我緊緊抱住，對我說：

「那個人是天使，其實被守護的是我才對。我感覺她的手傳來一股溫暖的生命力。愛綾，對不起。這陣子我眞的沒有多餘的心力。」

我最喜歡媽媽這副宛如純眞少女的表情，我已經好久沒看到了，能夠再次見到這種表情，讓我充滿喜悅。我不知道母親和那名女性之間到底發生了什麼事，看在我眼裡，視障女性看似被社會棄之而去，但其實她卻比當時在場的任何人都還要富足且充滿神祕；甚至有辦法改變剛好在場的一對不快樂的母女，實在是個偉大的存在。

活在靈感之中

琴繼續說：「**清理會讓你的記憶歸零，當你不再塞滿記憶的時候，就會按照這張精密的設計圖，活出才能與目的**。這也就是活在靈感之中的狀態。爲什麼這件事很重要？因爲這就是誕生在這世上的意義。雖然很多人認爲，荷歐波諾波諾主張的『活在靈感之中』很少發生、很難實現，但其實原本爲大家準備的，也只有活出靈感這條路而已。**我們之所以沒辦法做到，是因為記憶占據了藍圖的位置**。

「在這條原本就爲你準備好的出色道路上，能在完美的時機遇到對的人、點子與富足的生活。可是這條路卻在不知不覺中，塞滿了老舊的破銅爛鐵和垃圾，而讓你看不到、找不到這些準備好的東西。於是你感到痛苦，打算走別條路，但這時記憶卻多到滿出來，因此就越來越找不到路。這種狀態一般來說，就是體驗到問題的時候。

「如此人便偏離了完美的狀態，所以沒辦法感受到靈感。可是我們能藉著清理，重返藍圖。

「你的藍圖並不是從別的地方分離出來，不是用一張紙就能寫完的東西。藍圖擁有毫不間斷的節奏，跟宇宙整體的計畫連結在一起。當事物各自活出藍圖上的才能時，你會體驗到一種完全的狀態，宇宙也會開始在完美的平衡下旋轉。**雨、土壤、蝸牛和小鳥，也都有事先準備好的藍圖，所以你和雨也在某個地方有所連結。所有交織出這個宇宙的事物，都擁有各自的藍圖，彼此密切相關。**」

雷斯塔緩緩的說，彷彿正在回想：「莫兒娜常常在課程中對那些沒辦法原諒別人、恨著別人的人說：『只要你現在不去清理一直以來體驗到的憤怒和憎恨，住在地球對面的一名女性，就有可能會被迫面臨極度的難產。』

「大部分的人聽她這麼一說，都會感到動搖。但就像剛剛琴說的，當你用整個宇宙的角度來看的時候，要是連一滴雨滴都跟自己有所關連的話，如果一直抱著憤怒的記憶不放，在宇宙某處就會有人失去完美的平衡，齒輪的咬合便會歪掉，難道你不覺得嗎？」

當然，我沒辦法說明我的憤怒跟那些從沒見過面的人，或沒去過的土地之間有著怎樣的連結，也無法用腦子去理解。但當我開始實踐荷歐波諾波諾之後，比如說，當我因爲戀愛出了問題而清理時，工作上就降臨了很棒的機會；當我清理了家庭的煩惱，便會在偶然且絕佳的時機遇到一直想見的人；當我清理在飛機上產生的壓力，下了飛機就在入口處看到一件可以讓我開心一整天的事情等，這些自己有辦法體驗到的小事情，已經發生過無數次。

或許有人會說：「那純粹只是偶然，而且因爲你處在正面的心理狀態下，所以才會出現這種想法。」也有可能是如此。不過，對我來說，變得自由才是最重要的。有什麼事比不受記憶的束縛、活出莫兒娜所說自己眞正的計畫還重要的呢？難道聰明到能用道理來說明自己不幸的原因，才比較重要嗎？

我會選擇前者。事實上，我並不明白究竟發生了什麼。但是，越是去清理內在的記憶與垃圾，越能找回自己的道路。我所居住的宇宙就能在正確的平衡下運作，而這些對我而言比什麼都還要寶貴，是我人生的路標。

擺脫判斷的束縛

琴說：「荷歐波諾波諾認爲『我』是由三個自我組成的。分別是尤尼希皮里、尤哈尼、奧瑪庫阿，這個組合本身也是一個藍圖，是最基本的部分。他們各別擁有獨特的差異和特質。

「舉個例子，並不是每個人都很擅長照顧別人，不是每個人都可以把別人照顧得很好。像我自己，當家裡有人生病的時候，我就能把他照顧得很好。我會知道該怎麼做，在行動上也不會有任何猶豫。但是雷斯塔的姊姊就不一樣，她連自己的父親住院，當我在照顧公公的時候，她也不太能做些像樣的照顧。當然，我請她幫忙時，她也會幫我。她擅長的領域是跟動物和昆蟲對話。她一直都會去照顧自己養的動物和蟲類，除此之外也會照顧野貓、野狗。那就是她擅長的領域。我和她擁有不同的特性。」

在琴說這番話的時候，我完全感覺不到「只有我要做比別人還多的事」「大姑把責任推到我身上」「哪一方比較優秀、哪一方蒙受損失」的口氣，老實說，這讓我非常驚訝。我還來不及想像不太擅長照顧別人、這位我未曾謀面的女性究竟是怎樣的人，腦中就已經快速浮現出「唉，有這樣的大姑眞是辛苦」的感想與判斷。

聽到照顧病人，我心裡就會想到：如果有人身體不好，我們理所當然要去照顧。要是不去照顧，那人就顯得非常惡劣，尤其近親又是最該去照顧的——我發覺我的內在充滿了這些不知不覺間累積的普遍價值觀。

聽了琴的這席話，我感覺自己彷彿可以用手觸碰到內在生鏽的記憶。「我愛你，我愛你。」當我這樣清理了以後，內在的聲音彷彿在說：「啊~我眞的很想擺脫這些東西的束縛、獲得自由。」

雷斯塔對我們說：

「不是每個人都擅長在眾人面前說話，同樣的，藝術家彼此也都各不相同。不會每個人都使用相同的顏色、畫出相同的線條。就像植物有無限多種不同的形狀一樣，有些花會散發出香氣，但有些草卻有刺。可是，他們藉著忠實活出自己的藍圖，而擁有推動宇宙的力量。

「其實人類也一樣。並不是每個人都喜歡一樣的東西、有一樣的髮質、腿的長度、牙齒的排列和生活方式，差異讓我們的生命閃閃發光，每天都創造出新的東西。雖然這些東西我們無法用肉眼所見，而且大部分的事件與新聞都不會讓我們有這種感覺，但這些全都是存在於內在的記憶。荷歐波諾波諾認爲，這些是從宇宙開始時，就一點一滴累積而來的記憶。

「從那之後，我漸漸單純喜歡上自己做的事情。我是公務員，興趣是鞣製皮革（皮革加工）。雖然製作過程很單調、不起眼，但我在做這件事的時候感覺很幸福。當我慎重仔細處理著生物的皮，內在就會湧現出許多東西，甚至還會感覺自己觸碰到仍未見過的生物、建築物及語言。

「但這些情況，是在我接觸了荷歐波諾波諾、持續清理記憶以後才開始出現的。當我持續清理之後，每天都和內在小孩尤尼希皮里接觸。每次清理，都能不斷找回尤尼希皮里。所以，這些我已經持續做了幾十年的工作和不起眼的興趣，不會讓我覺得是在重複一樣的事情。

「有時候心胸甚至會有種很遼闊的感覺，彷彿我和尤尼希皮里兩個人正從舞臺上眺望著廣大宇宙似的。雖然藍圖沒辦法用算式來說明，但我感覺自己能夠理解到，活出藍圖是非常棒的體驗。」

羨慕別人的時候，靈魂就像成為失去身體的鬼魂

接著換琴說：

「有一次，一名女性從佛羅里達來參加課程。她長年擔任大企業的CEO，是人人眼中所謂的菁英。但是，她上完課後立刻把工作辭掉，開了一間花店。雖然她沒有任何後援和相關知識，但她完全不予理會，馬上開始著手相關事物。她說了這樣的話：『雖然我也不是很明白，不過沒關係。因爲我眼前就顯現出該做的事情，而且最重要的是，現在我能很清楚的知道，花一直在對我說話。』

「她現在在插花界打造出每年營業額百萬美金的事業。有時候就會有一些人像這樣，在清理的過程中，突然間讓事物產生變化。但是，之所以會有這樣的變化，也是持續清理現在的自己、回到藍圖之中的緣故，並不是取決於你喜歡什麼。」

雷斯塔說：「如果一味的仰賴思考，便會使靈感封住，沒辦法把注意力放在原本的工作上，或是沒辦法找到隱藏在現在這份工作中的寶物。所以，每天跟尤尼希皮里對話，顯得很重要。

「『你現在快樂嗎？』每天都要在各種情況下問尤尼希皮里這句話。要是你感覺不幸福，甚至還很有壓力的話，就要仔細清理。即便體驗到『我很幸福！』也一樣要清理。用『我愛你』來清理體驗。

「只要持續下去，即使自己並未察覺到，但記憶的塵埃也會被一點一滴清理掉，靈感總有一天又會再次向你流過來。關鍵一直都在於尤尼希皮里。如果能跟尤尼希皮里進行良好的溝通，也就是說，如果能照顧內在的另一個自己，就能回到神性智慧的流動當中。要記得，**神性智慧不是你的傭人**，這句話我要不斷強調。神性智慧知道什麼樣的流動與生命最般配。期待是一種記憶，要是對這記憶置之不理，只會再次迷路而已。但是你總有一天一定會找到，藉著荷歐波諾波諾找尋的那條道路。」

琴補充說：「『這件事會爲我的人生帶來什麼樣的成果？』『爲什麼他是大富翁，我不是？』我們心裡一定出現過這樣的想法。記憶會以期待的形式不斷出現。」

雷斯塔和琴用良好的節奏輪流說著話。不過在我看來，他們宛如是一邊聽著對方講話，一邊互相確認現在的自己究竟處於清理的狀態，還是靠記憶說出這番話。彷彿一切都在自己的內在當中，從對方的話裡將自己一個又一個找出來，像探險家一樣，帶著雀躍的感覺。

雷斯塔說：「跟別人比較，是永遠比不完的。但是，其實你自己並不是在跟別人比。而是因爲已經偏離了藍圖，處於與自己分離的狀態。莫兒娜說：**『當你在羨慕別人、嫉妒別人的時候，靈魂的狀態就會變得像是失去身體的鬼魂一樣。』**

「要在這個世界完成自己的工作，必須得有身體。所以荷歐波諾波諾就是一種很有效的方法。因爲這種方法可以整頓身體、靈魂、靈性的平衡。」

對我來說，羨慕別人的那種心情，比起表現出眞正的自己時那種自在，還要更加令我熟悉。我們從小就在學校用一樣的步調學習，在相同的階段進行等量的學習。因此，當時很羨慕九九乘法背得比我快的同學。

之後，我也一直在戀愛、工作、友情、家人、金錢等各種不同方面，羨慕著各種不同的人。我現在才發現，原來這種狀態下的我，就是沒有家的靈魂，於是我便於此時此地開始清理。結果，彷彿感覺腳底穩穩踩到了大地。

神性智慧的足跡

琴繼續說：「只要你能了解自己的藍圖，就能了解對方的藍圖。不管是什麼樣的存在，都有屬於這個人、這東西的藍圖，了解這一點非常重要。

「這並不是叫你當個心胸寬大的人。如果你能明白對方也有藍圖，就能找回同為神性智慧彼此之間的連結，並且能充分享受到對方擁有的才能。

「要是透過記憶來觀看對方，勢必會變成在對方身上找尋理想。就算對方一切都很美好，即使兩個人出現很棒的交流，但只要心裡想著：『唉，可是這個人在那個情況下都很沒有禮貌，果然還是不完美。所以我不喜歡他。』在這麼想的那一刻，你已經沒辦法接收到對方的才能了。同時，自身的美好與光輝，也會被記憶給封鎖住。

「舉個例子，即便你在荷歐波諾波諾學到非常棒的東西，在過程中只要發現了一些讓你覺得怪怪的地方、或是不太滿意的部分，而且你不去清理這個想法、一直保持這種狀態的話，就沒辦法享受到其中的本質。

「儘管對方對你的藍圖是不可或缺的存在，可以幫助你創造流動，但是，如果心想：『不對，這個人有時候很失禮，所以我不喜歡他。』那麼，你的道路便無法敞開。

「任何存在的目的，都不在於是否受到記憶喜歡。這些存在擁有更重要的職責。」

我自從因爲工作的關係，而開始在台灣生活之後，便遇到了許多人。在日本的時候，遇到的幾乎都是朋友的朋友，有親戚關係、或是工作上已經見過幾次面的人，都是根據原本就有的關係所產生的延伸，因此我在與人們相處上，沒有太大的遲疑。我原本還自認自己是個外向的人。

然而，在台灣並非如此。當然我也遇到許多很棒的人，但我會覺得，每當我跟完全不知道彼此背景的人第一次接觸時，如果不三番兩次告訴對方自己喜歡什麼，事情就沒辦法順利進行下去。於是我便拚命這麼做，搞得自己快要累垮。所以，我漸漸覺得跟人相處是件很辛苦的事。

有一次在日本，我跟修藍博士說到這件事。他對我說：

「神性智慧會為你準備最適合你的人。神性智慧為你準備了可以幫助你變得自由、幫助你回到原本的自己的人。這一切都將幫你訂做得很完美。」

那時的我，對每個見到的人累積了越來越多判斷，我悲嘆自己遇不到合得來的朋友，在這樣的情況下，變得越來越頑固。聽了博士這番話，想起與最近見面的人之間發生的種種，心裡又更加哀嘆：「我一點也不相信那個人對我來說是最適合的人，這種人際關係竟然是爲我量身訂做的？未免也太痛苦了吧！」博士彷彿看出我內在的心境，他又繼續說：

「**記憶是一種毒**。不管你在怎樣的地方或環境當中，**如果內在沒辦法看到光，那就證明你已經記憶中毒了**。這時候，就要當場藉著清理來找找神性智慧的足跡，如此一來，一定就能再次回到你的道路上。」

聽博士這麼說，我乖乖開始清理。「我在台灣沒辦法建構出如預期的人際關係，我對這樣的自己感到很焦躁。」「儘管博士現在正在我面前，我卻還在悲嘆著那個遠在台灣時的自己，這樣的我實在慘不忍睹。」我逐一清理這些念頭。每當我腦中亂糟糟的時候，就念：「謝謝你，對不起，請原諒我，我愛你。」每當胸口感到疼痛的時候，就念：「冰藍。」

在我這麼做的時候，內心變得越來越平靜，這時突然有個東西映入眼簾。當時我正和博士兩個人坐在飯店大廳，等候別人前來，眼前的桌上插著一朵花。我記得我們剛坐下的時候，那朵花只是個小小的花苞，但現在那朵花卻是盛開的，看起來就像個粉紅色的宇宙正對著我搖晃。而這就是我內在產生變化的瞬間，同時也是博士所說，找到神性智慧足跡的瞬間。

當天晚上，我神清氣爽的回到家後，收到住在台灣的未婚夫寄來的信：「我找到一些很棒的餐廳，我覺得你應該會喜歡！」上面列著咖啡店的清單。一位我在台灣有時會見面的朋友也寄了信給我，說她去看了一位日本知名插畫家的展覽，看得非常開心，於是便想到我，希望能早日再見面。我看著這些信的同時，心裡也出現一股單純的心情，這種感覺彷彿像是上小學的時候，期待隔天跟朋友見面，期待得不得了。這件事讓我從記憶中毒的狀態中解脫出來，讓我能夠由衷感謝在台灣得到這份美好、爲我量身訂做的人際關係。

想必，我的記憶往後仍會拚命對我講話：「我理想的人是這種人。」「只要我身邊有這種人，我就不可能幸福。」不過，荷歐波諾波諾讓我看到嶄新的人生：「不管是偶然遇到，還是我認爲必然會相遇的人，都是爲了幫助我找回眞正的自己，而出現在我眼前的，都是可貴的存在。在這麼廣闊的宇宙當中，在一個絕佳的平衡下，彼此都是爲了讓對方的才能展現出來而與對方邂逅，彼此都是可貴的存在。」

這些關係往後究竟會如何發展，我並不明白。不過，要是這份關係是爲我量身訂做的話，那麼不斷清理、讓彼此變得越來越自由，就會是它最大的目的。無論我身在日本、台灣或是夏威夷，這一點都不會改變。就連現在在我眼前的琴、雷斯塔以及千穗，都是前來帶給我機會、放下沉重記憶的人。

轉化都是成對出現的

琴繼續說：

「她說的所有單字，都代表著我不知道的意思。例如說『轉化』這個詞，轉化的意思是某種事物的形態改變了，但是莫兒娜在演講中卻說：『當一件事物在我們眼裡產生轉化的時候，勢必有個與其相反的事物在世界某處、宇宙的某處引發了轉化。人會用好與壞來判斷一件事。**好的變成壞的也是轉化，壞的變成好的也是。**』

「但莫兒娜的話還沒說完；她說，**真正的轉化一定是成對出現的**。好的部分與壞的部分、陰與陽，甚至連那些在我們無法理解的世界原理當中對立的事物，都會同時引發轉化。如果用能量的角度來看的話，雙方都會上升，最後當意識獲得解脫時，雙方都會回歸於光。因此她總說，宇宙是平等的運轉。就算在我們的眼裡，事物看起來有多麼不平等、不均衡，其中仍然有無法以頭腦來理解的原理在運作。正因如此，所以我們要把心裡所有的判斷、身體的體驗，一個個加以清理，並取回平衡，不斷讓殘留的意識獲得解脫。

「相反的，如果這原理並未運作，即使表面上看起來問題已經解決，實際上也未獲得解決。這一點莫兒娜平時一直不斷的重複。現在我已經能體會其中的意思，但當我第一次聽她演講的時候，老實說完全聽不懂她在說什麼。」

語畢，琴和雷斯塔就像在懷念當時的自己一樣，低聲笑了出來。聽了琴的這些話後，我似乎有點明白，爲什麼修藍博士和KR一直不厭其煩的說，就連喜歡、快樂、開心的事情，也都要記得清理。

在我剛接觸荷歐波諾波諾的時候，我不懂爲什麼要去清理那些對自己來說很正面的要素，於是就這樣把這件事忘了，也不怎麼去實踐。不過有一次，我跟一個非常要好的朋友約見面，那天我從早上開始心情就非常好，心裡想著「到時候我要跟她講這件事、說那件事」「她跟我眞的很合得來，所以每次見面都很開心，今天我也好期待相聚！」感到非常興奮。由於是要跟喜歡的人見面，我當然就沒清理，因爲是件高興的事、因爲這個人我很喜歡。就這樣，跟對方見了面之後，我一直保持著興奮的情緒，一同度過了幾個小時。雖然一直很興奮，但我心裡卻感受不到實際的感受，浮躁的感覺讓我很空虛。儘管笑著道別，然而在一個人回去的路上，卻感到非常不滿足，而且還筋疲力盡，這時我才突然恍然大悟。其實，我不知道究竟發生了什麼，我不知道「我好喜歡」這心情的背後到底隱藏著什麼樣的記憶。「我超級喜歡這個朋友！所以這會是段很美好的時光！」因爲打從一開始就這麼認定，所以我感受不到朋友當時是什麼狀態，見了面以後甚至也沒有什麼眞實感。我發現就是這點讓我覺得寂寞。接下來，我便去清理了這個體驗。從此以後，連那些我覺得很喜歡、很幸福的體驗，也都開始會盡量去清理。

琴繼續說：「可是啊，雖然那時我完全不了解莫兒娜在說什麼，但是她說的轉化卻把我吸引住。**即便藉由誰的力量而讓問題消失，問題也還是沒有解決，並會以問題的形式出現在眼前；應該要找回原本的原理進而產生轉化，最後再回歸於光**。我聽了這段話之後，莫名的感動。」

雷斯塔彷彿想起什麼似的，開口說：

「莫兒娜在那時還說，『不論是出現問題的時候，或是產生喜悅之情的時候，存在的都只有我和神性智慧兩者而已。引起轉化的是神性智慧，祂也是唯一的存在，無論何時都與原本的我及萬事萬物有所連繫。祂無條件的包括所有一切，不斷環繞在一切存在當中。而我們該做的，是清理每天體驗到的、那些重播的記憶，找回原有的連繫。這麼一來，就有辦法產生轉化。』

「不管身在什麼地方，不管以什麼工作維生，不管生在怎樣的家庭，不管有著怎樣的身體，只要反覆這個程式，便能從記憶中挖掘出原本的自己，也就是自我意識。

「那時我已經結了婚，專心投入工作以維持生活開銷，我不斷勉勵自己，努力打拚是我的首要目標。但莫兒娜卻對我說，『無論在什麼時候，最重要的都是找回自己、讓靈魂從記憶中回到原本完美的狀態，這比任何事情都重要。』

「她那個時候的模樣，我到現在還記得清清楚楚。」

你要拯救的是自己

這時我才恍然大悟，爲什麼修藍博士要引導我踏上這趟旅程。原來是因爲莫兒娜與每天接觸的神性智慧之間的對話，就活在他們的內在當中。且最重要的是，正因他們這麼毫不隱瞞的向光說不練的我，展現出各自的荷歐波諾波諾生活，因此**讓我從「了解荷歐波諾波諾」中解放出來，得以回到「現在這一刻，我是否實踐了荷歐波諾波諾？」這基本的狀態中**。

我當時準備在隔年結婚，我很愛我的未婚夫，他帶給我至今戀愛中從未體驗過的安全感與體貼。可以和這樣的人結婚，加上身邊的人也都給予我們祝福，讓我很感動。這正是因爲我不斷持續實踐著荷歐波諾波諾，才得以遇見的其中一件美好。

不過，剛剛聽了關於轉化的事情之後，才發現其實我一直都把訂婚當作終點，對於以後的事沒什麼在清理，於是問了他們兩位。

「我明年要結婚了，對方是我很喜歡的人，所以覺得很開心。但是自從訂婚後直到現在，我一直忘記清理，結果才發現心裡感到相當擔憂與焦慮。雖然對方是很棒的人，但老實說，我不確定對方到底適不適合我，也不確定結婚後會不會幸福。」

琴過了一下子才開口：

「跟適合自己的人在一起就能幸福——大部分的人都會有這種期待。這分期待是自然而然產生的，並沒有什麼不好。可是，我們沒辦法在眞正的意義上明白，到底誰比較適合自己。例如說，在特別的日子給你某種驚喜、給你某樣禮物，要是用這種方式來衡量幸福，你絕對無法得知自己是否眞的幸福。

「即使你認爲『讓我住這種房子、買車給我、這樣對待我的父母』的人，就是一個好的伴侶，但其實這不是你自己想的，而是記憶讓你看到的。也就是說，**這些想法可能來自你過去得不到滿足的回憶，或是受到社會蔑視的記憶。**

「所以，假如在這種狀態下跟理想的對象結婚，即使你非常拚命做家事，但是，由於你和對方的尤尼希皮里之間沒有謊言，因此對方的尤尼希皮里就會看到你那龐大的回憶。那已經不是愛了，是一種近乎恐懼和執著的東西。所以對方從你做的家事當中，感覺到的不會是愛，而是恐懼。莫兒娜說，這就是夫妻之間反覆出現爭執的原因。

「正因爲如此，找回自己比任何事情都還要重要。莫兒娜總是說『先拯救自己』。**當我們處於未清理的狀態下，會將一直以來累積的記憶，傳遞給那些偶然與我們相遇的人，讓他們變成記憶的傀儡，接著又再次觀看重播的記憶。**

「爲什麼我會和這種人結婚？爲什麼我會有這樣的家人？爲什麼我只有這樣的朋友？如果你會這樣想，就要先清理心中的期待、理想、恐懼。事實上，每個存在都應該是自由自在的，但你卻把過去的影像注入身邊的人或環境當中，讓他們受此操縱。因此，無論何時都要先問問自己：到底是內在的什麼東西，導致這種現象發生？

「你不需要知道答案，只要一直反覆問自己這個問題，這樣就能從判斷對方的循環當中脫離出來。對方批評你的父母、花很多錢、放一些你不喜歡的音樂、買你不喜歡的禮物送你。要清理所有的體驗和想法，接著再說話、採取行動。然後看看會出現什麼樣的結果。一定會有些地方慢慢出現改變才是。」

雷斯塔補了一句。

「現在到底正發生著什麼樣的事呢？我現在究竟在看什麼呢？倘若向內在踏出一步，事物就會漸漸產生轉化。這是強而有力的一步，能讓你從一直以來束縛著自己的判斷與思考當中解脫出來。」

琴繼續說：「你覺得人爲什麼要結婚？是爲了得到社會認可？因爲愛著對方？莫兒娜說，**我們結婚的理由，是因為對方和自己之間有著由記憶牽起的緣分；這會讓人變得不自由，因此我們才要透過婚姻生活找回自由**。

「也就是說，倘若你決定要結婚的話，眞正的目的就是要透過婚姻生活，找回自由和自己；而倘若不結婚或無法結婚的話，則是因爲你需要透過這體驗，找到眞正的自己。也就是說，你可以透過結婚而清理某些事物。你的結婚對象則是你的神聖伴侶（神性智慧給予你的藍圖上所遇見的伴侶）。對方是來給你清理的機會，是無可取代的存在。結婚是爲了找回眞正的自由。

「莫兒娜總是說，『如果你的尤尼希皮里體驗到幸福，那麼，不管你是否結婚、是否離婚、是否有小孩，都可以在這個宇宙中，透過專屬於你的工作，連結到所有生命，並且每一天都創造出生命。』」

雷斯塔說：

「當時我們結婚沒多久，莫兒娜對我們夫妻倆說：不論你是男是女，如果你想找能讓你幸福的伴侶，唯一的方法就是展現出自己原本的模樣。如果想要展現出原本的模樣，就必須經常自我反省，同時也必須仔細實踐。當你能夠展現出自己的樣貌時，圍繞在身邊的所有存在，也會找回眞正的自己，因此就會留下平靜。若周遭發生不協調的狀況，就要仔細檢視在活出自己的過程中，是否存在著記憶、是否淤塞，並加以清理。清理後，吵個架；再清理，原諒對方。**實踐荷歐波諾波諾並不是為了終結一些事，而是為了讓原本存在的東西浮出檯面，並將其解放**。有些人結婚可能是爲了錢，這一點有時候可能連當事人都沒有發覺。但是荷歐波諾波諾並沒有說這不好，只是有些事這個人必須在這種情況下處理而已。或許這個人正透過婚姻生活，來清理金錢的自我意識也說不定。」

雷斯塔接著說：

「我們無從得知誰好、誰不好。莫兒娜常說，我們沒辦法知道一個人的靈性層面承擔著什麼。

「『**如果你想要找到問題的原因，就不能去看超過半徑五公分的地方**。任何時候都要先回到內在。當你向外尋求答案時，就等於超出了你跟問題相關的所有界線。如果你並不打算負起超出範圍的責任，就要先做自己的事。』」

琴接著說：

「我長年任職於教育部，常常面對各式各樣的孩童問題。我以前會對這些事過度熱衷，覺得無論如何都要拯救這些小孩、必須提供他們更好的環境才行。但這時我身體出現了狀況，深深爲疾病所苦。這種工作方式完全就像莫兒娜所說的，超出了問題的界線。我背負了太多問題的負債，於是問題的答覆首先回到了我的內心，最後再回到身體。當我體驗到疾病後，才明白『你現在已經超出界線了』的訊息。

「首先，我開始清理每天都會親眼見到身負孩童問題的自己，儘管這個職業是我自己選擇的。雖然他們看起來問題重重，但每個人都是完美的存在，而且，只要我無法回想起環境本身其實也是完美的存在，那麼，宇宙就沒辦法再次展現出完美、無法讓人體驗到完美。因此，莫兒娜才會告訴我們，荷歐波諾波諾是個很有效的方法。

「當然，我還是要實際工作。但是，每當我發現自己覺得孩子們好可憐、看起來好痛苦的時候，以及對他們的父母做出判斷與批評的時候，就會反覆清理。當我這麼做以後，首先身體的問題消失了，此外，當我要讓一個案件通過時，都不可避免與上面的人發生衝突，但等我回過神來，自己已經站在擁有決定權的位子了。現在我也還是會在當下的體驗中清理。一直以來，我都是爲了拯救他們才去清理，但就如莫兒娜所說先拯救自己那樣，我開始深深體會到，其實，我是爲了清理，才會做這份工作、站在這個位子上的。」

平靜源於自己

雷斯塔看著遠處說：

「莫兒娜的聲音像海一樣深，充滿慈愛，雖然低沉卻洋溢著女性色彩，那個聲音就像是創造的源頭。莫兒娜的父母都是卡胡那，當她還只有三歲的時候，到了剛進行完卡胡那儀式的母親身邊，對母親說：

「『這個儀式沒辦法讓任何人真正被原諒。**如果不自己實行的話，任何人都沒辦法獲得原諒。**』

「『你閉嘴。』她的母親總是把她趕走。對了，她還跟我說過前世的事情。莫兒娜之前有一世也是生在夏威夷，每天晚上在威基基海灘做著某份工作。深夜的海灘會聚集許多徘徊不定的靈魂，而她的工作就是要將這些靈魂送回某個地方。但是，莫兒娜這個時期還不知道清理的方法，有一次她在遣返靈魂的時候失敗了，因而喪命。所以她這輩子就遇到荷歐波諾波諾回歸自性法，並且專注於找回真正的自己、消除記憶，以及導正問題。莫兒娜常對大家說，在自己的內在並未整頓好、沒有自我的狀態下，處理靈魂是非常危險的，很有可能會因此而送命。

「由於莫兒娜身邊聚集著來自世界各地的身心靈工作者，因此她總是一再表示，自己內在所產生的轉化，以及回到自己之間的過程，比任何事都來得重要。你不該著眼於問題的對象，而該清理內在累積的負債，這麼一來，與此相關束縛在地上的那些靈魂淤塞，也能產生轉化並且歸零，一切存在都會回歸於光。」

透過琴和雷斯塔說的話，我感覺自己從已故的莫兒娜那裡，再次回想起已經有些迷失的「平靜源於自己」，這句荷歐波諾波諾的話。人生的圖案每天不斷在變化，這圖案感覺不像是由自己上色，而是由周遭的要素所上色，這或許會令人感到手足無措。然而，無論眼前是怎樣的圖，無論喜歡還是討厭這幅畫，我都有辦法去清理，這就是首要工作。一直到結婚當天爲止，以及在結婚後，我也都一直持續清理那些該清理的體驗和想法，並且在這過程中找回自己，這就是我的工作。

琴突然開口說：「SHANTOSE。」我不明白這個字是什麼意思，於是又問了她一次。琴說：「日本不是有句老話叫做『SHANTOSE』嗎？我奶奶總是會對我說這句話。」

我想了一下，馬上明白她說的是「しゃんとせい」。雖然我這年代的人幾乎不會使用這種說法了，但我知道這是要人振作起來的意思。

「當我發覺自己忘記清理、已經快要記憶中毒的時候，一定會對自己說SHANTOSE。」

我非常眞實的感受到，琴長期下來每天都在自己的人生中勤奮清理，一想到這，不禁胸口發熱。

在一旁，我看到攝影師千穗的嘴巴塞滿了琴三番兩次叫我們吃的巨大杯子蛋糕，吃得津津有味。其實我不太喜歡吃美國那些裹著糖衣的甜食，從剛剛開始腦中的一角就在思考，對於兩人出於好意而端出的這些顏色誇張的杯子蛋糕，我要怎樣才能不碰。不過，看到千穗吃得那麼津津有味，我也開始餓了起來，打算吃一口試試看。於是，我清理了「我不喜歡吃甜食」的想法，接著大口咬下。坐車繞了半圈歐胡島後，身體已經有些疲憊，帶些微鹹味的甜味，剛好能深入疲憊的身體，輕柔在口中擴散開來。我跳脫了不喜歡吃甜食的自己這個束縛，杯子蛋糕對於此刻的我來說，肯定比任何富有營養的食物都還要完美。在這一刻，我眼前有這些親切溫柔的人們，同時也與空間緊貼在一起，我對於自己竟然能這麼自由，深深的感動。

我發現琴和雷斯塔也都開始吃起巨大的杯子蛋糕，好像大家在一起野餐一樣，感覺十分開心。琴邊吃邊說：

「不是有人喜歡在自己做菜的時候，把奶油加得比外面賣得還要多嗎？或者是把調味料的鹽改成醬油之類、自己喜歡的調味料，或是喜歡比較酸的口味。這些對於活出自己的人生，都是很重要的養分。」

聽到她這麼說，我的心怦怦跳了起來。說起來，在讀小學的時候，每當一個人在家肚子餓時，我都會翻箱倒櫃找找看家裡有什麼食材，並用這些材料做出自己獨創的菜色。我會在包著滿滿乳瑪林內餡的麵包上，再塗上乳瑪林；還有把檸檬切半之後塗上維他命C粉，接著用小湯匙挖來吃。這便是我的代表作，我把它取名為「雙重檸檬」。這些事情我都忘了精光。那時真的很開心，而且那些食物也非常好吃。雖然只有自己一個人，但當下卻感到滿足、心靈很富足，而且，在我製作、享用食物的這段時間，整個家就是我的自由國度。

現在呢？雖然我還是一樣愛吃，不過大多會參考社會上流行的吃法、養生法、餐廳與食材，並選擇食用這些食物。我覺得這麼做既開心又能有所學習，對身體也有幫助。

但是，當身體狀態很差的時候，我會跑到爸爸和奶奶家，吃他們做的菜，如此便能立刻恢復精神。他們並未使用現在熱門的食物，就連用的油也只是普通的沙拉油，可是，卻能讓我的身體很快恢復健康。或許是因爲我從小就在這裡受到大家所愛的緣故，同時也因爲，對這個家的人來說，是最完美的調味與可口的食物，令我想起從前心中那分「大家都喜歡」「感覺好棒」的純眞祈禱。

小時候無意做的那些算不上菜餚的料理，都是不會出現在精美食譜上的菜，不過，就在我忠於那瞬間的味覺，一邊用餐一邊享受著食物的外觀與觸感時，我想起了心裡曾經有過一種祝福這世界的感受。

每個人都是無可取代的角色

就在我想起這些事情時，雷斯塔又開口說。

「究竟有多少人眞的想跟自己的內在小孩接觸呢？我們有時候會有些靈光乍現的情況。舉例來說，平常你都在這家店吃，但今天卻想吃吃看那家；或是同好會的成員都一致贊成出來聚聚，所以你就跟大家一起出來了，但其實你是想在家裡做蛋糕，一個人吃或分送給鄰居，這樣才讓你感到幸福。只要一邊清理這些內心的小小變化與感受，一邊去做想做的事情，有時候就能因此而清理到較大的記憶。

「喜歡或討厭一件事物，是不需要理由的。因爲不管是哪一方，都是打從這世界開始以來，一直在重播的記憶所帶給我們的體驗。正因如此，我很重視忠實的清理內在那些細小的事情。

「因爲我們的記憶太過沉重，導致完全忘記自己的職責，忘記自己是來這宇宙做什麼的。每個存在被賦予的藍圖，都是完全獨立於社會普遍價値觀與規則之外的。

「在你今天來這裡以前，你身上具備的方法與詳細的原理，尤尼希皮里都很清楚。」

琴接著說：

「有一次課程結束後，我們要前往工作人員的家簡單用餐，就在我要坐上前來接送的箱型車時，我發現莫兒娜不在。於是我去找她，結果發現她在建築物後方的停車場，正在跟管理員爺爺講話。等到莫兒娜回來後，我問她：『你在做什麼？』她告訴我：

「『我去道謝，謝謝他管理那個場地，支援我們這兩天的活動。在課程開始之前，我就發現有人在守護著這次的活動。雖然我不知道這個人是誰，但我現在知道了，原來是他。他是一位天使。』

「在這個世界上，有許多存在並未活躍於幕前，但卻對世界帶來很大的影響，或是對社會有著很大的貢獻。每個人原本就有自己無可取代的角色。每天去一家商店買麵包的奶奶、商店收銀機裡的錢、以及每天以誠待人，以尊敬與感謝之意對待客人的店長，如果每個人都處於被清理的狀態下，人類就能活出自我意識，金錢則能活出金錢的自我意識。舉例來說，當這些錢受到清理之後，所帶著的幸福，就能將必要的物品送到需要的人、土地或物品手上。

「只要有一個人活出真正的自己，所有場所的神聖時機，即一切事物在完美的時間、地點進行對的事情的時機，便會回到我們身邊。」

雷斯塔繼續說：

「莫兒娜告訴我們，即使你沒有意識到，但活出自己是多深刻的事，而沒有活出自己，又會為這地球帶來多麼強烈的傷害。這不是某一個人對我們施加的詛咒。每個人活在這世上，都共同擁有活出自己的責任，以及過去未曾活出自己的記憶。」

在這次的旅程當中，我原先給自己的課題是完成採訪，以及請千穗拍出好照片。同樣的，當我每天起床看了當天的行事曆時，就會自行認定哪件事是當天的大事。例如說，會議、跟家人吃飯，或是與很久不見的朋友見面。但是，其實每件事也都在完成「讓我活出自己」這個很重要的任務。或許不管我做什麼，都不會對琴、雷斯塔和千穗產生什麼改變，但是，每一刻是否活出自己、是否不斷清理記憶，肯定會關係到是否能讓現在照著原本的形式運作。

琴又說：

「莫兒娜的發音一直都很清晰，讓人覺得好像每個字都很想被她說出來一樣。她常常清理言語。她說，清理在所有地方、所有想法下使用的話語，是很重要的一件事。

「我感覺得到你爲了要跟我們說話而拚命清理，這麼做非常棒，而且因爲這樣，所以我從剛才就一直在清理自己講的話。那時莫兒娜說的，我現在完全能夠明白了。」

雷斯塔接著說：

「莫兒娜是個很直接的人。像有一次她的顧客要動手術，過來請莫兒娜幫她清理，讓手術的疼痛可以減到最小。莫兒娜教她清理的方法，她自己也做了。但是當顧客準備回去的時候，莫兒娜告訴她：

「『**如果感到疼痛對你來說才是對的，那麼疼痛就會到來。這分疼痛，並不是為了要侵蝕你，而是為了讓你學習謙虛**。我看得出這是爲了要讓你達成這輩子的目的所須的東西。這是個很好的機會，讓你可以藉著疼痛去清理，而遇見真正的靈魂與身體。』

「那名女性素以驕傲出名，而莫兒娜一直以來治好無數的疾病和傷患，所以她這番話十分具有說服力。這名年輕女性對莫兒娜的話感到有些錯愕，邊哭邊聽著莫兒娜說：

「『只要你體驗到那分疼痛，就能擺脫至今所背負的所有記憶傷痛和重擔。』

「最後，這位女性的表情變得柔和，平靜的回去了。隔天順利完成了手術，而她在那之後也結了婚、生了小孩，現在還擔任荷歐波諾波諾課程的工作人員。

「我們有時候會想藉著清理來找回某些事物或治好某些疾病。但只要持續清理，就會突然明白爲什麼這種情況會出現在我們身上。然後，當我們再繼續清理之後，就會彷彿完全忘記這些事似的，遇見擺脫束縛後的自己。

「在這種狀態下，你會感覺到自己正在神性智慧的身邊，發揮著生命的作用。」

別成為記憶的奴隸

雷斯塔繼續講：

「我從小就經常思考很多關於宗教的事情，因爲家人信仰的宗教關係，讓我常常看到人們批評其他宗教，以及拿其他宗教與自己的宗教相比。但是，自從我遇到荷歐波諾波諾以後，我就明白之所以會有這種體驗，原因並不在於宗教。莫兒娜有一次對我說：『當你將體驗到的宗教與其他事物比較時，就變成記憶的奴隸。在這種情況下，無論哪部宗教經典都不會對你說話。』

「掃墓、做禮拜，不管你做什麼，都要先清理自己。實實在在的清理這些儀式與風俗習慣中，所有體驗到的事物。這麼做會妨礙到你的信仰嗎？應該不會才對。

「有一次，一個虔誠的天主教徒問莫兒娜：『我要怎麼一邊清理一邊學習天主教呢？我從來沒聽過有這麼便宜的事情。』

「莫兒娜說：『當你清理了以後，就會透過天主教而得到靈感。這是一種很大的智慧。你不只能夠學習它要傳達的本質，還能活出這分本質。天主教絕非存在於你的外在。本質並不像單戀一樣，永遠都無法得手，其實你的內在一直都體驗著它。

「『只要消除了記憶，你就能看到、感覺到，並且活出這分本質。我並不是在論述是否有神、眞正的神是誰，**荷歐波諾波諾講的只有一件事，那就是來**

源只有一個，每個人都能藉著清理而遇見來源。而來源其實原本就一直與你連繫著。』

「我聽著這兩個人的對話，眼淚流了出來，第一次感謝與理解我的家人早在我出生前就一直信仰的宗教。多虧我的記憶消失了，才眞正感受到至今所學習、相信的事物，這種感覺是自然而然出現的，並非主動也不是被動。我感受到一股安心感，彷彿自己終於能夠回到眞正的家。」

在我的印象中，已故的外婆總是沉迷於某些事情。從奇異的養生法到宗教都有，不過，她晚年由於過度沉迷於某個宗教，因此做出一些讓整個家族都感到悲傷的事。在外婆去世之後，母親爲了撫平外婆的死帶來的傷痛，曾經有段時期不斷來往世界各國，參加自我啓發課程與靈性課程。外婆和母親都曾經叫我和弟弟也去參加、學習那些他們爲了拯救自己而學習的事物，可是我們都沒準備好。這肯定是因爲，我們在了解這些事物原本所擁有的那些美好涵義之前，自己的家人被耍得團團轉的模樣，已經讓我們傷透心的緣故。同時，我們也爲此感到丟臉。她們要是不死命抓著某個東西不放，就對事情束手無策。我有段時期甚至還對這樣的家人感到羞恥。因此，有段很長的時間，對於宗教與靈性等所有教理，我都會有強烈的抗拒與憤怒。在我剛遇見荷歐波諾波諾的時候也是這樣。我心想母親一定又會為此而一下高興、一下難過，最後又會離此而去，不過，我卻發現她漸漸出現改變。我才知道，原來這個方法是在幫助人活出眞正的自己，端看你願不願意去實踐而已，即使不去實踐，荷歐波諾波諾也不會對你說，你會因此而受到懲罰。

當你在人生的各種場合，快要迷失自己、很痛苦的時候，要是能忽然想起自己眞正的模樣，是件非常美好的事情。不需要換個地方生活，也不需要改變生活方式，在現在待的地方就可以實踐。我一直看著母親，發現她從某個時候開始，自然而然找回了天眞無邪的笑容，就連她任性、不講理的地方，都彷彿跟世界有著一種協調的關係，甚至還讓我有種重生的感覺。我才明白，原來這世界其實一直都是敞開的。我在這裡可以表現出眞正的自己，在那裡也可以表現出眞正的自己，在任何地方都可以。只要去清理問題，就不會受到任何限制。自由是可以由自己找回來的。

而且，自從我開始實踐荷歐波諾波諾之後，便一直清理小時候因為宗教而嘗到的苦澀回憶。就這樣，我一點一滴的找回外婆。並不是那個因宗教而迷失自己的外婆，而是身爲我細胞一部分的外婆，她有著敏銳的直覺、抱有遠見。在那艱辛的時代下，憑她一位女性的力量開創了新的時代，是很帥氣的外婆，守護著母親的偉大外婆。每當我清理痛苦的回憶時，就會不斷找回外婆。

聽了雷斯塔講的話，我又再次想起去世的外婆，也回想起當時的宗教事情。我把痛苦的回憶和仍然殘留著的些許恨意，一併加以清理。雖然我仍然未能徹底放下，但我想起從前外婆像是在對我唱搖籃曲般，溫柔對我訴說她透過宗教接觸到神的事。「神一直都在守護著愛綾」「愛綾要活得像自己，這樣的話，神就會一直看著你」，這個宗教肯定還有各式各樣的教理，但外婆爲了讓年幼的我容易理解，於是用精簡、簡短的方式對我訴說，我想起她當時那溫柔的聲音。我也對外婆那時透過宗教而接觸到的神，致上了感謝。外婆爲了前往那個境界，而把事情弄得一團糟，也爲整個家族帶來了傷痛。當我一一清理這些事情之後，開始打從心底盼望，但願外婆從前一直想前往的地方，會是個很漂亮的地方。

「來清理我的內在吧」「把所有東西都清理一次」「就這樣一步一步來，

找回更多我們家族間眞正的連結吧」，我的內心出現了堅強的感覺。

在雷斯塔說到宗教的那一瞬間，我頓時陷入了陰沉的情緒。然而，由於雷斯塔大方告訴我們，他透過莫兒娜而獲得的宗教觀，讓我又再次清理了「宗教」這個自我意識，和自己之間的所有記憶，並再次找回新的自己。

我們都是神性智慧下的原住民

琴說：「莫兒娜終歸都會說到自由。她說，你藉由清理所找回的是眞正的自由，只有眞正的自由才是眞正的你。」

聽了琴的話以後，雷斯塔突然問我：「愛綾，你喜歡夏威夷嗎？」

我立刻回答：「當然喜歡！我甚至還想住在這裡！」

雷斯塔笑著說：「莫兒娜還講過關於夏威夷人的事。『要當一個夏威夷人，身上並不需要流著夏威夷原住民的血，也不需要住在夏威夷。眞正的夏威夷人，指的是找回自由，並且把這分自由帶給整個宇宙的人。』」

我聽了很感動，和坐在旁邊的千穗相視而笑。

琴說：「在莫兒娜剛發展出我們現在運用的荷歐波諾波諾回歸自性法的時候，有很多人會拿它跟只有卡胡那才有資格使用的傳統荷歐波諾波諾比較。莫兒娜曾談論過一次這件事，只有這麼一次。

「『雖然說傳統荷歐波諾波諾只有夏威夷原住民才能使用，但是我們在這裡使用的荷歐波諾波諾回歸自性法，卻可以讓所有人使用，甚至還超越了物種，連所有的原子和分子都可以使用。說起來，原住民究竟是什麼意思？我們所有人都是住在這個宇宙之中的原住民，不是嗎？我感覺到潛藏在深處的部分，總是有一個我在唱著義大利文的歌曲，我也覺得自己似乎了解空手道，有時候也會覺得自己知道該怎麼打獵。我們大家的記憶在彼此連繫的狀態下，一邊體驗著宇宙發生的所有歷史，沒有任何一個人例外，因此大家理所當然都一樣是原住民。**我們所有人原本都是和神性智慧連結在一起的原住民，沒有任何例外。**

「『**倘若一個人深深執著於自己是否為這塊土地的原住民，就表示這個人過去曾經在這片土地做過某些破壞或傷害**，雖然當事人並未察覺這一點。這個人從那時候的影體紐來到這輩子，這次要藉著身爲這塊土地的原住民，再一次療癒對方以及被對方療癒。』

「這種表達方式在某種意義上實在太具衝擊性，因此當時大家一句話都說不出來。不過，只要清理自己對於原住民身分的想法，就會漸漸看到自己跟這塊土地真正的連結。你會完全超脫是否生於這塊土地，會發覺自己要在這塊土地上找回自己，這樣一來，土地就會主動讓我們看到它和我們之間的豐裕連結。」

雷斯塔接著說：

「我們從祖父母那代開始定居在夏威夷，夏威夷本身也充滿著各種不同的歷史、習俗、文化、儀式與風俗習慣。雖然這並沒有什麼不好，但我從小也在不知不覺中受到這分束縛。儘管我們出生在夏威夷，但卻是日裔，可是鄰居卻是夏威夷人。我想以前心裡應該一直不斷湧現關於人種的戰爭。

「所以當莫兒娜說這些話以後，我終於第一次從夏威夷土地和自己的記憶中解脫，並得以與這塊土地連結在一起。讓我開始能夠祝福在這裡出生，並在此一直生活至今的自己。」

雷斯塔又問了我一次：「你也想當夏威夷人嗎？」

我也再一次迅速回答：「當然想！」

大家都笑了，但我卻在心裡認眞祈禱。我想當個夏威夷人，我想當莫兒娜所說的那種眞正的夏威夷人，我想當個找回自由、展現出自由的人。

我總是常常忘記清理。但一直以來，每當我想到、想要找回自己時，就會用我知道的清理工具簡單的清理。感覺到目前爲止，我都是爲了要變幸福、爲了得到什麼，才去實踐這個方法。但是，今後將有所不同，我克制著自己得意忘形的心情，確實接收到一股強而有力的訊息：「我要從走的路、遇到的人等每件事物當中找回自由。」雷斯塔和琴送給我的這句話，對於將再繼續進行下去的這趟荷歐波諾波諾之旅，是最棒的餞別禮物。

最後，琴說：「莫兒娜有辦法分辨落在夏威夷的每滴雨。她告訴我們，每滴雨有完全不同的震動。夏威夷的雨叫 **ua**，有大的 **ua**，也有小的 **ua**，有的 **ua** 會激烈打在地面上，有的 **ua** 是溫柔的觸碰新芽。當你擺脫了記憶的束縛之後，就能把每個存在看得很清楚。學校教我們很多事，這點當然要心懷感謝。但你是個敞開的存在，宇宙展現出的一切事物，都寫在你的藍圖上，沒有任何遺漏。

要是你隨時準備好的話，就能在這趟旅程中發現自己該做什麼事情。而這真的是件很幸福的事。」

在我跟琴和雷斯塔相處的這段時間當中，我連一次也不曾有過「我是荷歐波諾波諾的初學者，我不可以說些多餘或奇怪的話」，這種把自己看得很渺小的感覺。這證明他們在每個瞬間都不斷清理自己，我也才明白，原來跟同樣選擇清理的人擁有一段共同的時光，竟會滿溢如此自由而富足的感覺，我對此深深感動。儘管這段採訪時間很長，身體裡卻留有一種清爽的感覺。由於接下來已經約好了別的行程，於是我和千穗差不多也要準備離去了。這時琴以一副理所當然的樣子，用有可愛夏威夷圖案的餐巾紙，將剩下的巨大杯子蛋糕包起來給我們帶走，彷彿她平常也都這麼做似的。

走出室外，天氣是令人感到舒服的晴天，天空一片烏雲都沒有。這麼一來，我就必須把分辨 ua 的事留到下次了，但總覺得，路上的草坪、水泥和空氣，都各自爲我帶來了找回自由的機會。

第五章 與內在小孩一同煥然一新

琴和雷斯塔用爽朗的笑容送我們離開，我們接著前往當天的最後一個地點凱魯瓦（Kailua）。關於這次採訪的一切事務，全都是由修藍博士和KR清理而決定的，採訪順序和採訪時間也都是由他們安排，我自然是不明白其中有什麼樣的意義。不過，每次當我們要出發前往下一個目的地的時候，受訪者都一定會看看我們的行程表，確認著某些事情。居住在夏威夷的千穗對路很熟，因此他們絕對不是怕我們不知道怎麼去。只不過，這次琴和雷斯塔也一樣又看了我們接下來要去的地方，在心中確認著什麼，才送我們離開。

他們並沒有給我們什麼建議，對我們說「你要做什麼」「你最好這樣做」「他們最近比較會這樣」等。他們彼此都是認識很久的老朋友，但卻沒有人講出這樣的話。不過，我也隱約感覺得出來，當他們在某一天得知我會在這天來見他們、訪問他們的時候，所有與此相關的人就開始不斷清理、爲這一天進行準備。

不管是接受雜誌採訪，還是在演講即將開始前，或是要在日本、台灣或韓國碰面吃飯的時候，無論在任何時候，每當一旦決定好一件事情，修藍博士就會對我說：「你要清理你知道的所有事情。」因爲我根本看不見記憶是什麼樣子、具有什麼形式，所以我總是不知道該如何是好。於是，我就看著要見的那些人的名字和見面地點，一邊在心裡重複默念：「謝謝你、對不起、請原諒我、我愛你。」

但是，在結束了今天的第三場訪問，他們送我們離開的模樣，讓我發覺事先清理對他們來說，其實是件日常生活中理所當然的事情。他們拿著電腦印出的行程表（上面寫著時間、受訪者、住址、我和千穗的資訊），就只是看著。馬拉瑪看著納卡薩特夫婦的部分，露出柔和的表情；琴和雷斯塔似乎已經很久沒見到住在凱魯瓦的文氏夫婦，他們露出了懷念的表情。他們各自想起自己的熟人，接著就只是清理心中產生的心情與回憶，他們給我這種感覺。就像你想到很久不見的老朋友，或是接下來朋友剛好要去見你深愛的家人時，心裡會出現一種溫柔的感覺一樣。

我想起博士有一次說過這樣的話：

「**越是去清理我對某個人的想法、體驗或連結，就越能留下真正的愛。這種愛不是我知道的那種愛，是能量，它可以讓一切都回歸到完美的流動當中，而且盡可能推動應該發生的事情**。因此，我們要透過體驗到的事去清理記憶，並找回自己。」

到現在爲止我所訪問的那些人，以及打從一開始就透過清理來支援這項計畫的修藍博士和KR，全都將這次受訪者與受訪地點所體驗到的，當作自己的體驗來清理。他們不斷清理自己，藉此讓超乎我們理解程度的完美流動得以產生。

我也仔細清理了今天發生的所有事情，開心的事、感動的事、流淚的事，我回想起存在於內在的苦澀記憶、在我身旁開著車，與我一同進行這趟旅程的千穗是多麼的可靠，以及我已經開始思念至今見到的大家，這些心情我全都一併清理。結果很不可思議的，我感覺自己好像又從零開始了，回到能夠專注於接下來該做的事的自己。不管心裡再怎麼開心，隨著傍晚接近，身體也開始感到疲憊，但當我這麼做之後，疲憊的身體都變得煥然一新了起來。

開朗的寶拉與喬納森

接下來我們要前往的是歐胡島東南岸的凱魯瓦，這是一個熱門的觀光景點，街道上林立著美麗的獨棟房屋。我為了要看美麗的白沙海灘而去過好幾次。隨著車子不斷北上，空氣變得跟不久前，我們待的卡拉瑪溪谷那種彷彿停止流動的乾燥空氣完全不同，漸漸可以感受到海風了。

至今我和文氏夫婦已經見過無數次。他們很陽光、開朗，每次跟我見面的時候都會說：「愛綾跟我們那幾個兒子年紀差不多耶。養女兒不知道會是什麼感覺？」「應該會香香的喔～」接著就會哇哈哈笑了起來。有一次文氏的丈夫一邊彈著烏克麗麗，一邊唱著一首當時流行的歌，身邊聚集了很多小孩。這對夫妻實在很棒，總是帶給大家明朗的氣氛。

車子進入我嚮往的住宅區，他們就住在這裡。從車裡就能看到這邊每一戶都養著狗，而且裡面都有面向河川的寬廣庭院。我們到了他們家門前，丈夫喬納森正把果汁還是什麼，從卡車搬進屋子。

「啊，你們來了啊！快點進來！我們在院子裡等你們！」他大聲說，接著就把大門開著，又回去忙他手上的事。我們兩人下了車後，也走進他們家。這次則看到妻子寶拉正在廚房準備各式各樣的東西。「唉呀，歡迎歡迎！你們見到喬納森了吧？我明明叫他在外面等的，眞是的！他又跑到院子裡。他那麼急性子，讓人很頭痛對吧。你們的動作眞的很快！來來來，喝個飲料等一下喔！我馬上就準備好了！」

我想告訴寶拉其實喬納森在外面等我們，但已經來不及了。寶拉很快的把裝著玻璃杯的托盤端到院子裡，同時對喬納森說了些什麼。雖然動作慌慌張張、急急忙忙的，卻讓我覺得有種很懷念的感覺，於是立刻放鬆了下來。我好歹是從別的國家來的外人，但喬納森卻直接把大門開著，讓人感受到他對我們的信任，而我和千穗也很快做好各自的準備。

河川旁的院子裡有長凳和桌子，還準備了藍色太陽水。手錶上的時間剛過下午四點，氣溫也不會太高，都在剛剛好的狀態。寶拉和喬納森坐著，他們不知爲何相當高興，讓我心情也開始雀躍了起來。喬納森說：

「來來來，我們開始吧，快開始吧！快點結束採訪，我們在太陽下山前去坐木筏！」

寶拉立刻指責喬納森：「喂！我都跟你說這是祕密了！」

雖說如此，但卻可以清楚看到他們背後有一艘木筏，看起來已經準備萬全，隨時可以出發的樣子。

我懷著滿滿的感謝，開啓了錄音鍵。喬納森一邊確認他說話的聲音，一邊開口說：

「我喜歡的節目是《決戰時裝伸展台》（美國以時尚爲主題的眞人實境節目）。」

寶拉不理會喬納森，接著說：「雖然他都在開玩笑，但其實我們爲了今天的事情一直在清理。你們兩個人能過來，我們眞的很開心。在你們面前吵吵鬧鬧的眞是對不起，看來是我們清理得還不夠。」

說完，他們兩人又大笑。我好喜歡他們給人的感覺。寶拉繼續說：

「我遇見荷歐波諾波諾是在我結了婚、生小孩以後的事了。那年是一九七九年。當時我跟修藍博士在同一家醫院工作，患有精神疾病的罪犯都被隔離在那一棟，在修藍博士過來之前，那裡一直不停出現問題。工作人員一個接一個辭職，醫院裡每天不停傳來叫喊聲和咆哮聲。就在這時，他到了這間醫院。他給人的印象很沉穩，而且不會對事物有所執著。這間醫院分配的都是一些比較年輕、有力氣的工作人員，但他年紀卻比較大，也沒有特別做任何相關的措施。儘管他一次也沒有與患者進行一對一看診，但他每天都會走過收容病患的牢籠，不過從來都沒有停下腳步、和他們說說話。

「然後就發生了那件讓他後來被人稱爲奇蹟治療師的事情。就在博士任職了幾個月以後，病患慢慢開始出院。當時我還年輕，還興味盎然的去問他做了什麼，他回答我：

「『**只要察覺到問題的原因在哪裡，一切就會回到原本正確的形態。**』

「我完全聽不懂他的意思。因爲他們是貨眞價實的罪犯，而且還被診斷出某些精神疾病，才收容在這裡的。他們的表情總是充滿著憤怒，讓人覺得很可怕，怎麼看都是壞人。問題在於他們本身，這明明是一目了然的事情。

「但我實在很在意博士講的這句話。就在這時，病患幾乎全都出院了。於是我又再次問了博士。『問題的原因在哪裡？』接著，他把手掌貼在自己的胸口說：

「**『問題在自己的內在。真相不會隱藏在超過自己半徑五公分的地方。』**」

寶拉所講的，是修藍博士的眞實事蹟，也讓荷歐波諾波諾回歸自性法一口氣躍上了國際。「奇蹟治療師」這個標題，瞬間在網路上傳開。寶拉就是在這現場與博士相遇的。

萬物皆有自我意識

喬納森也開口說：

「我幾乎也是在同一段時期遇到莫兒娜。我參加了夏威夷大學主辦的莫兒娜最後一場演講。我對她的第一印象是，很奇特！」他說著說著就笑了。

「可是啊，那天莫兒娜講的話，唯獨一句話讓我很在意。

「**『不斷批評別人，等於是在你神聖的行為上，不斷倒上記憶的泥巴。』**

「我們在當時住的家，跟鄰居發生了糾紛，這件事讓我們極爲苦惱。雙方已經談過很多次，也即將在法院開庭了。因爲我怎麼想都覺得問題是在對方身上，所以根本就沒有想過要搬走。就在這時，莫兒娜說了這句話。批評別人，就像是在自己的行爲倒上泥土。在這場演講中，我的腦子裡有各種東西不斷在擾動、攪在一起。

「然後，莫兒娜還說：『尤尼希皮里是我們內在的另一個自己，而且是一個小孩。請你問問自己的尤尼希皮里：你希望自己是正確的呢？還是希望自己是快樂的？**對內在小孩來說，布滿記憶的你所認為的正確，只不過是一個重擔罷了**。就在你爲了追求正確，花費時間與精力的時候，尤尼希皮里的身上又會布滿著記憶的垃圾，一直在重播的記憶中受苦。』

「當然，我那時還半信半疑，也完全不懂她在講什麼。但是，就在我眼前，莫兒娜緩緩說著這些話的時候，我聽到內在發出了叫聲：『我想要趕快把這種布滿著刺的痛苦丟個精光！』我可以從內在清楚感覺到，如果痛苦是來自我所追求的正確，那麼，找回我和家人的笑容絕對比這點還要重要。」

寶拉說：「然後他回家後就說：『我們把這間房子賣了吧！』我嚇了一跳。因爲在法院工作的他，一直到幾天前都還在努力準備跟鄰居打官司。但是，就在他毫不猶豫說要把房子賣掉的時候，我想起了對於全家能夠生活在一起的事，心裡所產生那股感謝之情和興奮雀躍的感覺，而這種感覺我已經好久沒有過了。」

喬納森接著說：

「隔天我們就開始著手準備賣房子。當時我們還沒找到下一間房，所以身邊的人都很擔心我們。可是那個鄰居給我們的幫助，卻比任何人都還要多，他告訴我們哪裡有賣家具的市場，也告訴我們哪家搬家業者比較便宜。說起來也是啦，畢竟我們意見那麼多，要走了他心裡很高興吧。」

說到這，喬納森和寶拉笑個不停，彷彿這是個令人開心的回憶。

寶拉說：「那時我們把家裡的客廳，提供在醫院認識的修藍博士和莫兒娜使用，他們集合了幾個人過來，這樣一點一點起步，就像是我們現在課程的原型一樣。當我跟莫兒娜說我們要把這間房子賣掉，以及還沒找到下一間房子的時候，莫兒娜就跟我說關於房子的自我意識。

「『這間房子也有自我意識，就跟你一樣。你要先好好清理這裡發生過的爭執與噪音。只要沒去清理留下的記憶，這間房子就會覺得它跟你們之間仍然共同擁有某些事物，因此就離不開你們，你們也沒辦法遇到對的新家。等清理後，就會找到新家了。』

「當天晚上我馬上從新婚生活的愉快回憶，到第一次養育小孩辛苦到快哭的回憶，以及當我們與鄰居發生糾紛時，讓這間房子看到的一些粗暴體驗，對此一一道歉、道謝。我不太擅長整理東西，但那時當我跟房子說了話，使用跟莫兒娜學來的清理技巧之後，自然而然開始打掃了起來。感覺我的身體主動去整理衣服，整理一直以來都放在那裡、打算以後再整理的書。我漸漸覺得很開心，於是也開始用一樣的方法去清理了我的車子。

「就在這時，有一天當我開著這輛車載小孩從超市回家的路上，那條路我熟到連閉著眼睛都會開，但我卻突然把方向盤轉到完全不同的方向去。我開到一個住宅區，漸漸有種舒暢的感覺，而且那邊也看得到河，小孩也覺得開心。然後，我就在一個適當的地方停下車，敲了一間陌生房子的門。我問出來開門的女性說：『請問這附近有沒有空的房子呢？』

「結果這位女性一臉驚訝的說：『其實我們正打算要賣這間房子，現在正要打電話給不動產公司。』

「我們兩人都覺得很不可思議，交換了彼此的聯絡方式後，我就回家了。那間房子就是現在我們住的這間！」

實踐荷歐波諾波諾之後，有時候會出現這種不可思議、超乎我們理解的流動，這感覺憑我們的意志是無法推動的。雖然這種事是不經意發生的，但當發生的時候，我們卻會知道這對我們來說就是最好的，並毫不猶豫接受這個超棒的禮物。

有一隻黑白相間的狗，從剛剛就一直在院子裡跑來跑去，牠跑到喬納森的身邊。

「牠叫波諾，是這間房子的看門狗。牠很喜歡搭木筏，已經差不多要按捺不住了。」

波諾發出哀求的叫聲，不斷轉來轉去。寶拉溫柔的摸摸波諾，同時接著說。

「其實在那之前我們也找了很多房子。但是莫兒娜告訴我們，當我們深深陷入知識與思考而無法自拔時，基本上是完全辦不到任何事情的。其實這是一個警訊，這警訊想要告訴我們：『停！你現在什麼都做不到。現在應該要清理，先回到自己。』**記憶是很陰險狡詐的，它會把我們的思考當成是自己的東西，不斷占領我們，用一副理所當然的態度來決定各種事情**。但是，要是你看到警訊，就必須停下腳步，先找回眞正的自己才行。唯有放手，唯有去清理。」

波諾仍繼續發出哀求的叫聲，喬納森將自己的臉貼近波諾，又說了一次。

「我們差不多要去坐木筏了吧？」

寶拉對他說：「再講一件事就好。」接著又繼續說。

內在小孩的聲音

「我在夏威夷州的兒童醫療機構工作，跟之前的主管很不合。可是當我開始實踐荷歐波諾波諾以後，就覺得內在有一些記憶需要放下。話雖這麼說，但那些焦躁和壓力我還是放不太下。

「不過，比起常常在家裡打瞌睡的喬納森，我跟上司碰面的機會比較多，所以我就心想，他這樣是在給我清理的機會，並且得持續。就這樣花了三年的時間。只要我覺得思緒被他打亂的時候，就會立刻練習回到自己的內在。多虧了他，我變得很會跟尤尼希皮里講話。過了三年以後，在我都快要忘記我曾經覺得主管讓我很煩躁的時候，突然發布了人事異動。我當時心裡並沒有覺得『太好了！』，想的只是『喔，原來是出現在這樣的時間點』。不過，他在最後一天到我的座位上，對我說：『我一直都很感謝你。你的工作表現很專業。』我覺得非常高興。雖然我們現在是不同部門的，但當工作上發生了什麼問題，彼此都會找對方商量。」

我想到了自己的情況。在我開始實踐荷歐波諾波諾後的這幾年，我並非一年到頭都保持在毫無壓力的平靜狀態，所有地方都不斷出現出乎意料的麻煩狀況。在這種時候，我終究會忍不住想：「我是不是沒有清理呢？清理眞的有效嗎？」寶拉彷彿聽見了我的心聲，接著說。

「明明我都清理了這麼久，卻還是一直很痛苦，在人際關係上還是會遇到挫折。我們有時候的確會有這種想法，對吧？只要團體裡面有一個自己不喜歡的人，就無法集中注意力，也沒辦法好好享受其中，甚至連清理都做不到。

「一般會把這種人稱爲神經質。周遭的人在你眼中看起來都很神經大條，於是你就沒辦法停止思考。這時就算有人對你說『肚量大一點』『放輕鬆』，你也聽不進去。但是，這並不是神經質，是因爲存在著記憶，所以你的尤尼希皮里拚命對你叫著：『快點放下記憶，讓我自由！』

「如果你很在意旁人的意見，勉強試著讓自己放鬆，或是讓自己變成一個濫好人的話，尤尼希皮里就會認爲你對他棄之不顧，於是重播的記憶就永遠都不會停止。」

我忍不住說出心裡的想法。

「但實際上，有些人總是很幸福，怎麼看都比我還要輕鬆。我一直都覺得自己是屬於比較神經質的人。」

「其實大家都只是不斷重播不同的記憶罷了。而且，因爲大家都不知道要怎麼放下，所以只是盡其所能去做而已。但這樣很難受，對吧？你可能還會想：『我身邊盡是這種遲鈍的人，好難受，感覺不到自己眞正的歸所。』可是，荷歐波諾波諾不就是在教我們如何把眞正的原因放下嗎？其實尤尼希皮里體驗到的難受，比你還要多，而我們現在有辦法對這樣的尤尼希皮里說：『謝謝你讓我察覺到這點。我們來清理，讓自己變輕鬆吧。』不是嗎？

「如此，來自尤尼希皮里的清理訊息，便會傳達到神性智慧那邊，神性智慧便會爲你降下溫柔的甘霖，撫慰乾枯的靈魂，於是就能找到完美世界的其中一部分。在神性智慧的眼中不存在著惡，有的只有內在的惡而已。如果你現在是用記憶的眼睛來看事情，那麼只要回歸於神性智慧，亦即愛的眼睛就好。

「有許多人和地方都很想跟擺脫記憶後的你相遇。好啦，你們準備好了以後，我們就去坐木筏吧。男生真的都很急性子耶。」

內在的家

我才發覺，那些覺得沒什麼大不了的焦躁情緒，以及自己不喜歡的急躁部分，其實一直都是自己刻意不去看而已。而寶拉彷彿看出了這點，所以才說出那些話，這讓我感到非常驚訝。他們這對夫婦總是很陽光，就像太陽，與這間出色的房子十分般配。這不禁讓我心想，鎮上的人肯定都是他們的朋友。不過，寶拉和喬納森已經讓我明白，他們不只有陽光的一面，不論是在公司、家裡還是路上，總會有些負面的東西在心裡萌芽。

他們並非總是懷抱著好心情，也不是百分之百正向的人。然而，他們這番真誠的話讓我發現，只要學習荷歐波諾波諾並清理內在的惡，就能再次找回平靜。

喬納森很快從家裡扛了冰桶和籃子到木筏上，而看門狗波諾已經坐上了木筏。就在這時，馬拉瑪出現了，她說：「太好了，我趕上了！」她跟寶拉互相擁抱。

喬納森、寶拉、馬拉瑪、千穗，再加上我和波諾，合計五個人和一隻狗，坐在這艘小型的木筏剛剛好。雖然說是木筏，不過船尾卻裝了馬達。將套在院子木樁的繩索解開後，我們就出發了。

在喬納森的操控下，我們在這條兩側都是住宅區的河川上，朝海的方向緩緩前行。這時狗狗波諾像是導遊一樣，爲了檢查我們是否安全，在木筏上到處跑來跑去。寶拉斟了事先準備好的水果雞尾酒，遞給我和千穗。我們因爲今天的採訪結束而感到放心，不知不覺整個人都放鬆了下來，光著腳去碰水，和波諾一起玩。馬拉瑪和寶拉很久沒見了，所以她們非常開心，互相報告彼此的近況。

從木筏上眺望的每間獨棟房屋，都有著寬廣的庭院，院子裡隨意放著吊床、跳床和兒童用的樹屋，除此之外仍然有很大的空間，家犬就在這片空間到處跑來跑去。擅長妄想的我，開始幻想起來。要是住在這裡的話，我要把家人全都叫過來一起烤肉，飼養夢想中的大型犬，每天到海邊衝浪！院子裡就種我喜歡的果樹。雖然我不喜歡早起，但要是住在這裡，即使沒有鬧鐘也一定起得來！這邊屋子裡的陽光都很充足，所以我要在家裡的窗戶旁放上suncatcher（一種水晶玻璃製的裝飾品，可以讓陽光產生折射，顯現出彩虹光芒）。在看得到星星的夜晚，要在院子裡搭帳篷，整晚尋找流星；但這樣會有蚊子，所以我還得去買個防蚊蠟燭才行。

我的幻想一個接一個，我可以清楚想像在這裡生活的樣子，彷彿就像親眼所見。「我還不習慣住那麼大的房子，打掃起來眞是辛苦！」我甚至還思考到這個份上，就在這時，寶拉宛如注意到我內心的想法，她又拿了雞尾酒給我，同時對我說：

「莫兒娜總是說，『一切事物都跟你內在的運作息息相關，與你能帶給尤尼希皮里多大的安全感、是否能跟他共用小小的喜悅息息相關。當你的內在小孩和你的關係找回平衡以後，身爲父親的奧瑪庫阿就會帶給這個家庭一個恰到好處的環境。』

「有時候我們會有一些夢想和憧憬，對吧？但是，就連這些事物也不會讓你顯得有所不足。**打從出生開始，打從你誕生在宇宙的時候開始，你就已經是完美的了**。當你不滿意自己的生活、或是注目於其他事物的時候，可以想成這是尤尼希皮里給你的一封信。『你現在有這個記憶。只要清理了這個記憶，一定就能幫助你找到眞正的自己。眞正的幸福正等著你。』這是他從龐大的記憶庫當中，爲你捎來的訊息。」

自從我開始實踐荷歐波諾波諾之後，開始會感謝現在的生活。這並不是說我沒有任何不滿，即使是現在，每當我看到某些刺激到內心的事物，還是會想像要是能擁有那些，會是什麼感覺，或者心想爲什麼有人能擁有這樣的東西，而我卻沒有。

在這種情況下，我往往會勉強自己去感謝現在擁有的東西，刻意讓自己不去看那些嚮往的事物。但這其實是來自尤尼希皮里的信。我的尤尼希皮里從許多的資訊中，選擇了一些對現在的我們來說，最適合的東西，接著再寄送給我。我要收下這封信，並在看了信後，對心中產生的感覺說「我愛你」，進行清理。

喬納森有好一段時間都在專心開船，當他手上工作告一段落後，開口說：

「這條木筏是我們搬到這個家以後，我和我的尤尼希皮里第一次一起合作的成果。寶拉找到了這間很棒的房子，錢也想辦法湊齊了，於是我們搬了過來。那時候我們的兒子還小，而且搬家眞的很辛苦。要是以前，一搬家我就會馬上發揮領導能力，拚命尋找適合的家具，還會到處拜訪鄰居，但是當我們來到這裡之後，我開始想認眞對自己說話。雖然我不知道是什麼原因讓我突然有這種想法，但當時就打從心裡覺得『謝謝你跟了我這麼久，還讓我成功搬了家』。當我有這個想法後，自然向內在問起：『老實說，要開始在這個家生活，我的內心有點忐忑不安。希望你可以簡單告訴我，有什麼是我能做的。』

「就在這時，我想起第一次來看這間房子時看到的那條河，接著突然靈光一閃：『原來如此！他是叫我來做木筏！』在我太太的眼裡看來，應該只覺得我很礙事，因爲我這個丈夫都不怎麼幫忙搬家，而且才剛搬來沒多久，就開始做起木筏。但是，我的木筏很順利的完成了。我們也沒有因此而吵架，很不可思議。」

寶拉插了一句：

「你人不在的時候，事情做起來就簡單多了。」

「對，那時候眞的只要自然做下去，沒有什麼事物會來打擾我。但是，每當我心裡出現一些想法、擔憂或期待的時候，這些東西就會實際出現在眼前。其實這條木筏原本沒有裝馬達，只是條普通的木筏。雖然我很想讓兒子們坐，但當我做好了以後，就想要自己先坐。我想讓尤尼希皮里先坐，那感覺眞是棒極了。從那時候開始，每當我覺得自己面臨困境，或是需要讓內心穩定下來的時候，就會一點一點的改良木筏，因爲這就是尤尼希皮里和我之間最棒的交流時刻。我腦中有想過乾脆從頭到尾都用塑膠汽油桶來製作，但跟尤尼希皮里討論後，他說他不要這樣，他告訴我他想要先在一開始的基礎上，一點點添加其他東西上去。

「一開始當莫兒娜要我跟尤尼希皮里講話的時候，我心想饒了我吧，一個大男人怎麼能做這種奇怪的事情。但是，我發現我能藉著木筏，讓內心累積各種想法，讓我在人生中看到各種不同的事物。」

我再次仔細環顧四周，發現附近是高級住宅區。每戶人家停在河堤的不是木筏，而是可以直接出海的遊艇和巡航用的小船。儘管這艘木筏也非常出色，然而只要仔細一看，就能立刻看出那些修補的痕跡。但對我而言，再也沒有什麼交通工具能像這艘木筏這麼値得信賴了。因爲，這個交通工具是由一個每天不斷清理的人，認眞正視內心所完成的，是由一個在眞正意義上，認眞生活的人所製作的。這艘船跟這個人的靈魂緊密貼合，是既安全又値得信賴的交通工具。

我們穿過一座很低的橋，在太陽即將下山的時候，終於看到了大海。這裡就是盡頭了。我想，這條路線喬納森至今爲止應該已經走過無數次，有時候只有他一個人，有時候載著太太和兒子，有時則是載著朋友。每次乘坐這條木筏時，看到的這些美麗風景，以及最後映入眼底的這片廣闊海洋，肯定怎麼看都看不膩吧。這條木筏是條特別的木筏，是喬納森和尤尼希皮里在活出自己的旅程中所遇見最棒的交通工具。他們用這條木筏，划過每天體驗到的各種問題與情感。

每個人都被賦予了各自的交通工具。我就乘坐荷歐波諾波諾這個交通工具，走過各式各樣的道路。

再小的單人房都會是你的香格里拉

千穗送我到我住的出租公寓。由於明天還要搭早上第一班飛機去大島，因此我們早早就道別了。畢竟花了一整天的時間繞了歐胡島半圈，身體果然有些疲憊。旅行眞是不可思議，不管住的是怎樣的旅舍，都會變成自己在這趟旅程中的家。如果我繼續仔細清理，能發現這地方的神聖之處的話，那麼，就算是再小的單人房，都會是我的香格里拉。

這是修藍博士教我的旅行祕訣。**倘若能與房間的自我意識相遇，就能輕易找到容身之處**。我對派對這類會有許多人聚在一起的場合有點抗拒，博士從前曾經對我說：

「每當你到了一個地方，在尋找好朋友之前，首先要跟那地方打招呼。你要問問地方：『我該坐在哪裡？』你要在那裡確實清理緊張和不安的情緒。這樣一來，地方就會提供你一個容身之處。」

從此以後，當我在朋友的生日派對、第一次拜訪的朋友新家、因會議所需而拜訪的大公司、醫院或未婚夫的老家時，無論出現什麼樣的情緒，都會在心裡對這個地方做自我介紹，確實清理。當我開始這麼做之後，就會越來越自然坐到空著的椅子上，跟我在那邊遇到的人自然對話。我每天都深刻感受到：一個地方所擁有了不起的力量。

我進了房間後先稍微休息一下，接著再看收件匣，發現修藍博士寄了封信過來。

唐吉軻德在他快死的時候才發現，其實自己不應該去救別人，而是應該進行一趟救濟自己靈魂的旅程。在我遇到荷歐波諾波諾之前，我就是教育界的唐吉軻德。之後，我藉著荷歐波諾波諾發現，因為病患而體驗到的一切痛苦、矛盾與不合邏輯的事物，其實全都是出現於內在的事物。若是如此，那麼我首先必須要拯救的，就是一而再、再而三反覆重播著痛苦記憶的另一個我——尤尼希皮里。

你也跟我一樣，一直都被賦予著選擇的自由。看是要繼續活在從前唐吉軻德在這世界上所看到的那些瘋狂之中，還是要清理自己模糊的眼睛，在這世上體驗神性智慧為生命帶來的甜美。

當我脫離教授的身分，開始跟隨莫兒娜以後，就一直過著宛如在沙發上睡覺般的生活。我的身體有一半在懷疑，另外一半則充滿了活著的喜悅。

就在這時候，有天莫兒娜受邀到歐胡島舉辦的一個大型頒獎典禮上，於是我們兩人一同前往。典禮是要稱頌夏威夷的文化人士。正當我要坐到場地最旁邊的位子時，莫兒娜卻說『我得找到我的位子才行』，接著她稍微靜心了一下，之後找到椅子並坐下。那位子就在場地的正中央，我不得已只好坐到她旁邊，我看了看周遭，發現大家看到莫兒娜以後，就都移動到別的地方去了。我剛開始心想，人們實在很尊敬莫兒娜，甚至還不敢坐在她旁邊。但是我誤會了。其實當時莫兒娜受到那些重視夏威夷古老傳統的人們所忌。那時耳裡聽到的，都是些相當無情的批評與流言。為了讓內心不動搖，我也開始清理，藉此將自己整頓好，但我身旁的莫兒娜卻一動也不動。我想她大概是在靜心，於是看了她的臉，結果發現她正舒服的打著瞌睡。她就是這樣一位女性。我打從心底敬愛、尊敬著這樣的莫兒娜。

晚安。請你愛著在展現出自己真正樣貌後所看到的世界。

平靜從我開始　伊賀列阿卡拉

第六章 ++++++

通往自己的旅程

我在非常舒服的狀態下醒來。昨天的採訪就像雨過天晴的彩虹，照耀著我的內心，儘管如此，卻沒有任何事物能夠將我束縛在原地。與其說是沉浸在對他們的眷戀和回憶中，不如說是準確把焦點對到了我在這趟旅程中所做的事情。現在即將要離開歐胡島，前往另一個地點了，爲此而適度繃緊神經的我，總有種很可靠的感覺。我清楚感受到身心都一起醒來，彷彿終於從長時間的時差中清醒過來一樣，全身環繞著一股清爽的感覺。「時間和土地也擁有自我意識」，荷歐波諾波諾的這句話，我現在正由身體感受著。

在大島（夏威夷島）的採訪，也要請千穗攝影，所以我和她一起搭計程車前往檀香山機場國內線的航廈。雖然是早上第一班班機，但一大早機場就已經有許多人。有的家庭看起來是要去找親戚，也有轉機的旅客以及衝浪人士，大家都在等待開門開啓。

出發前我用手機收了信，發現修藍博士又寄信來了。我很少這麼頻繁的和博士通信，因此這情況讓我感到有些驚訝。平常工作上的信件往來，博士都只會回一句「清理」。不過，博士一定比誰都清楚，我在這次的旅途中，心裡懷抱的各種期待與念頭，肯定比自己想的還要多。

博士並沒有爲此而告誡我，我感覺自己藉著與博士以信件對話，幫助我回歸到自己。

當我開始在夏威夷的精神科住院病房工作的時候，莫兒娜曾經對我說。「你沒辦法創造出靈感。只要你選擇了清理，神性智慧就能使用生命力，透過你而讓靈感開始流動。你只要待在這運作當中就好，只要確實活在此時看到的事物中就好。首先你會獲得自由，擺脫記憶的束縛。一切將會在這之後開始流動。」

我們雖然被賦予了選擇的自由，卻沒辦法控制別的東西。了解到這一點，就是帶領我自己和你，活出自由的關鍵。

當你在和別人說話的時候，可以仔細觀察自己是否真正在聽對方說話。絕大多數的情況，你都只是透過對方，看著自己的內在記憶。其實在對方話講完以前，你的記憶就已經準備好一個結論了。彼此溝通、互相了解是件很神聖的事，若沒有清理內在關於對方的記憶，便沒辦法辦到。

你現在進行的這趟旅程，是通往自己的旅程。即使身邊的家人有著形形色色的問題，即使在你看來這社會充滿了許多非拯救不可的人，即使心裡有著許多倫理道德的價值觀，你現在就是身處於通往「我」的這條道路上。

為自己帶來自由，並不是要你做什麼很大的活動，就只是每一天都活出自己而已。若心裡想到這句話，也一樣要去清理，不管你身在何處，始終都要活出自己。當你這麼做了以後，自由便會主動來找你。然後，你會發現其實這分平靜原本就存在於內在。

懷伊雷娜的靈感花園

博士這番話彷彿就是在告訴我，今天即將展開大島之旅的眞正目的。當我在「爲了誰」「爲了什麼目的」這種心態下所獲得的所有體驗歸零時，內在究竟會產生怎樣的靈感呢？

終於到了上飛機的時間。從歐胡島到大島，坐飛機要一小時左右。夏威夷諸島有八個較大的島，大島是其中最年輕、也是最大的一個島。這次我們要前往拜訪的是位名叫懷伊雷娜的女士以及KR。KR平常住在歐胡島，不過她在二〇一二年成爲大島上一座廣大牧場的主人，大概兩個月會來此住一下。

我們降落在科納機場，懷伊雷娜小姐開著全白的車子來接我們。已經有幾年沒見的懷伊雷娜，用笑容迎接我們，她給人的印象是個子很高，而且有雙藍澄澄的眼睛，彷彿直接映照出透明的大海。從出機場不遠處，就開始不斷延伸著一條黑漆漆的熔岩道路，我們在這條路上快速直直往北走，前往懷伊雷娜位於威美亞的家。

千穗曾經在大島住過，在車上時她告訴我，廣大的夏威夷島以毛納基山爲界，東邊與西邊的氣候有著戲劇性的差異。儘管這裡僅是一座島嶼，但島內卻囊括了世界主要五種氣候的其中四種。除此之外，氣候與生態系也隨著高度而產生變化，因此這邊有種類豐富的氣候和生態。跟我們剛剛待的歐胡島相比，這邊的道路看不到盡頭，山也都很大，雖然一樣都是在夏威夷，但我已經漸漸感受到，我們確實已經來到另一個不同的島上了。現在要前往的威美亞，在過了牧場地區以後山開始變多。該地區全年都很容易起霧，人們將這裡的霧稱爲威美亞霧。

懷伊雷娜在許多地方停下車，向我們介紹她喜歡的景點。有生長在牧場旁邊的一群仙人掌、還有洞窟的入口，要是不走得慢，絕對不會發現。我在這些地方下車，在心裡向這些懷伊雷娜爲我們介紹的景點打招呼，當我這麼做之後，心裡漸漸有種現在與夏威夷島相遇了的感覺。我感覺大地正透過它身上綻放的野花，認識我這個存在。我們現在並不是「因爲準備了機票，因此前來觀光」這樣單方面的接觸，我們是在這塊土地上作客，雖然我不明白眞正的原因爲何，但現在彼此相遇了。這股適時的可貴與新鮮感，從身體裡湧現出來。千穗曾經在這座島上住了很久，現在又再次來到這裡，顯得很高興。她並未開心的喧鬧，而是沉著的一步步緩緩走著。懷伊雷娜也回到她的節奏當中，似乎在看著我們，這很符合她的風格。

我很清楚明白，我們正各自以完全不同的方法與方向，與夏威夷島接觸，這真的很有趣。同樣的，所有住在這片土地上的人們、因工作或旅行的關係而到訪這塊土地的人，每個人與土地之間，也都各自擁有千差萬別的影體紐，而荷歐波諾波諾能夠切斷這分影體紐。修藍博士曾經告訴我，切斷與拋棄是不一樣的，切斷的意思是放下不需要的東西，與對方一同活在真正的連結當中。

我們漸漸從牧場地區來到山路。兩旁是非常廣闊的山林，一打開窗戶，就會被濃濃的生命氣味所包覆。

「馬上就到了。」懷伊雷娜說。

「我到現在還是會想起那天的事。那天我開著車，遇見了現在的房子。我竟然會在某一天就這樣遇見一個原本跟我沒有任何交集的地方，而且還這麼自然的在那裡生活。土地跟我們的關係，絕對不是光靠自己的力量就能夠創造出來的。」

那時我已經在台灣的ＳＩＴＨ荷歐波諾波諾辦公室工作一年，隔年還計畫要跟台灣的男朋友結婚。每當我跟別人說明的時候，就會說因爲工作的關係來到台灣，在那裡有了喜歡的人，然後要和對方結婚了。雖然這件事聽起來很簡單，不過當我聽了懷伊雷娜的這番話，對於出現在身上的這分流動，又更加感到不可思議。既然流動已經產生了，也唯有使用荷歐波諾波諾，繼續在這股流動之中游下去——當時我心裡有這種感覺。當然這是件非常幸福的事情，不過我經常能感覺到，事情發展得未免太過自然、快速，絕對不是以我的知識與行動所能創造出來的。其實，我、他、各自的家人、土地，以及各式各樣的事物，都在意識下進行著各式各樣的運作。

我們進入了一條小路，接著又來到更小的路，終於來到私人土地上。通往她們家的路越來越窄。從遠方看來，長長的雜草像是不希望讓我們看到前方一樣，但是當車子進入這個區域之後，道路就不斷向我們敞開，彷彿是在對我們說「你們終於來了」。

鐵門映入了眼簾。我走出車外，正當要用懷伊雷娜給我的鑰匙開門時，我發現旁邊站著一隻小山羊，牠有一邊的耳朵少了一半，發出咩咩的叫聲。懷伊雷娜從窗戶伸出手，揮著手對山羊說：「我回來了。」回到車上時她告訴我：「那個孩子很可憐，牠剛來這裡的時候，耳朵被我養的那些狗咬掉了。現在那些狗也還是會想欺負牠，但我都會阻止，不過牠最近也開始變得比較堅強。」

「多麼充滿野性啊！」我心裡一邊這麼想，同時也因爲得知這片叢林中還有著其他家人，而感到安心。

附近散落著小型的田地，前方有間獨棟房屋，以房子的建地而言，這間房子算是蓋得比較小。懷伊雷娜把車停在屋子前面，笑容滿面的說：

「歡迎你們來我家！」

儘管懷伊雷娜已經開了很遠的路，但她很快的帶我們參觀起庭院，彷彿像是說「我到這裡就重生了」一樣。這座庭院幾乎已經像叢林的一部分，但是過一陣子便能漸漸看出當中原始的秩序。重瓣扶桑花、野玫瑰和各種不同的蘭花，彼此在充足的空間裡綻放。蔬菜區裡有茄子、小黃瓜、番茄，除此之外，還有馬上要結果實的葉菜類，開始從土裡探出頭來。我問懷伊雷娜：「這些你全都要拿來吃嗎？」她回答：「我現在正在試。因爲還不是很清楚，哪種蔬菜跟這邊的土壤比較合。雖然這個番茄一副希望我們趕快吃它的樣子，但我之前吃了以後，發現它完全沒有味道，只能用來做番茄醬。」

這時，森林深處有兩隻小動物跑了過來。是一隻小臘腸狗和中型的米克斯。正當我心想「山羊的耳朵該不會就是牠們咬的吧？」懷伊雷娜彷彿是在回答我：「這些孩子是這裡的老大。」

正如千穗所說，這邊的確讓人感覺相當潮濕，抬頭只能隱隱約約看到一點藍天。但不可思議的是，只要待在這庭院裡，就覺得陽光很強。花朵顏色纖細卻又鮮艷，因爲霧的關係而顯得有些模糊，看起來像是擴散在空氣當中，宛如童話故事裡的世界。

「這是我的靈感花園。」懷伊雷娜呢喃道。

懷伊雷娜的家，是間很舊的木屋。一踏進屋子，就看到四周充滿許多顏色，簡直像精靈的住處一樣。

「這些全部都是路上別人不要的東西，和以物易物來的物品喔！」她充滿自信的說。仔細一看，擺設的確不太一致，不過看得出來，不只是這間房子，就連每個家具，懷伊雷娜也都是一邊清理，一邊與它們一起生活著。屋子裡的東西都很有朝氣，與這間房子徹底融合在一起。陽光照進廚房裡，舊玻璃窗歪歪斜斜的映照出外面的景色，果真就像童話故事一樣。

從憂鬱與憤怒中解脫

我們坐到飽滿且柔軟的沙發上，開始聆聽懷伊雷娜說話：

「我是一個很不會讀書的小孩，一直很不會看字和寫字。所以在要上國中的時候，我決定不要再往高中念了。我在伊利諾州打工，然後在那裡談了戀愛，並和對方結婚、生了小孩。當我身邊的人上大學的時候，我已經是兩個小孩的媽媽了，那個時候我覺得很開心。但就在孩子要上小學的時候，我的丈夫突然離開了家。他說：『我再也沒辦法過這種生活了。』丈夫的離開自然給了我很大的打擊，不過他留下的這句『我沒辦法過這種生活』，更是深深傷透我的心。當我察覺到這一點時，已經陷入了憂鬱當中。雖然我還是想辦法繼續維持生活；小孩放學後我把他們寄放在住附近的母親那，用這段時間去工作。但是我憂鬱的程度與日俱增，醫生建議我服用藥物，而最後我只服用了安眠藥。就在一天早上，當我在最小的孩子哭聲中醒來時，才發現竟然已經快中午了。

我工作遲到，而且最重要的是，我才發現小孩從早就一直沒有吃任何食物，於是我陷入了一片恐慌。我打從心底感到恐懼，害怕要是再繼續這樣下去，我們可能會有人死掉。

「但我心想不管怎樣，一定得活下去，於是繼續工作。我明明沒有多餘的時間，卻還是忽略與小孩互動，並用空出來的時間找離家出走的丈夫，這就是我當時所過的生活。結果，這次我變得頻繁的陷入恐慌狀態。只要小孩跌倒、東西打翻，或電視突然發出很大的聲音，我就會出現恐慌症，醫生診斷爲『憤怒發作』。而且，安眠藥和我發作時吃的藥，讓我累積越來越多疲勞。

「這時候，有個對自我療法很有研究的朋友，建議我去看一個網站，是修藍博士的『這是誰的責任？』我看了後心頭一驚，想我得立刻學習這個才行。那時我差不多要三十歲了，上網查了以後，知道他們都在隔壁州舉辦課程，離我們家差不多五百公里左右，開車需要花將近六個小時，我覺得這個距離也不是完全沒辦法開車去。課程一共有兩天，因爲我自己也沒有錢，所以決定到時候睡在車上，就這樣去參加了課程。

「第一天的課程結束後，因爲講座安排得非常密集，所以我覺得很累。我在會場認識的一對夫妻要在汽車旅館過夜，我便去請旅館讓我把車子停在那兒的停車場。我原本打算晚餐用家裡帶來的餅乾來解決，但就在我走向車子的時候，決定馬上試試看、對剛在講座上得知的尤尼希皮里說說話。

「『哈囉。你好嗎？我可以跟你說說話嗎？』

「我大致上對他說了這樣的話。結果，從內在傳來了一個非常小聲的回應。『我想吃鮪魚三明治。』

「這件事聽起來像是胡說八道吧？但是，當你第一次跟自己的內在小孩講話時，如果傳來了一絲微弱的聲音，你會怎麼想？我深深的感動。**我的尤尼希皮里當下想跟我說的話、想做的事，就僅僅只是吃鮪魚三明治而已**，當我一想到這點，就莫名有種情感油然而生。我去了附近的餐廳，打開菜單後，發現上面還眞的有鮪魚三明治。雖然我也擔心錢的問題，但畢竟可以免費使用汽車旅館的停車場，於是便點了餐。

「由於我從來沒有一個人在外面吃過東西，所以一直到點餐爲止，心裡都因爲罪惡感和忐忑不安的心情而七上八下，不過當我點完餐後，卻轉變爲雀躍不已的感覺。小時候光是一直和朋友坐在外面，就覺得非常享受，我好久沒有想起這種感覺。這頓晚餐並不是一個人的孤單晚餐。雖然我並沒有忘記我的小孩，但是，把小孩留在老家而產生的罪惡感，並未讓我不斷惦記著他們、產生依依不捨的感覺。我的中心非常穩固，身爲他們的母親，在帶給他們關愛的同時，我也信賴著他們。我感到自己十分堅強，甚至以這樣的自己爲榮。接著，一份非常簡單的鮪魚三明治送到我面前，當我大口咬下後，有種說不出來的感覺，就好像被溫暖守護著一樣。這時，我清楚感覺到內在小孩。我心想「啊！這份安全感是我唯一能帶給內在小孩的東西」，打從心裡對自己的能力感到驚訝。同時，也明白至今有多麼忽視這感覺，一直以來我都無視這小小的聲音，又爲自己帶來了多大的傷害。於是我的眼淚奪眶而出，對尤尼希皮里道歉。即使到現在，每當我想起那天晚上那份三明治的味道，就會感到自己是獨一無二的存在，只有我才能讓自己的人生變得富足。」

回應尤尼希皮里才能邁向真正的自己

聽到這裡，我想起從前剛開始學習荷歐波諾波諾的時候，難以解決的戀愛問題正讓我感到痛苦不已，這時修藍博士曾在無意間對我說過一段話。當時我有個很喜歡的人，但在這段關係當中，感受不到安全感與信賴感。我不知道這時博士是否知曉這事，他突然對我說：

「你要試著給予自己那些渴望從對方那裡得到，和希望對方為你做的，以及要是對方為你這麼做，會覺得很高興的事情。不論你的外在發生怎樣的問題，這一切都是尤尼希皮里讓你看到的影像。你要先試著去回應你的尤尼希皮里。」

這件事看起來很簡單，於是我就在這份無論怎麼努力、始終都無法順利的關係當中，強迫自己創造出與自己相處的時間。例如說，當我想打電話給對方的時候，就會跟尤尼希皮里說：「你好嗎？現在的狀態如何？」還有，當我希望對方找我約會的時候，就會跟尤尼希皮里說：「你要不要去吃點什麼？」要是這時我心裡產生想吃霜淇淋的想法，即便這麼做很愚蠢、麻煩，我仍舊會付諸實行。就在持續了一段時間之後，光是跟自己在一起，就開始有種很滿足的感覺。我的幸福感增加了，之前明明總是感到不安，但現在卻經常覺得安心。而這時對方也改變了，他開始像我照顧尤尼希皮里那樣照顧我，也會設法讓我開心，就像我設法讓尤尼希皮里開心那樣。展現出自己眞正的樣貌，在這時對我來說，已經是件極爲自然的事。雖然我們還是在這過程中分手，但我卻不感到寂寞，我們彼此都往下一個階段邁進。如同博士所說：

「只要你和尤尼希皮里之間能夠體驗到平靜，外在世界也會漸漸產生變化，像是往你的幸福聚過來一樣。如果內在能找回愛，外在也會找到愛。」

懷伊雷娜終於藉著吃鮪魚三明治，回應了她長期忽視的尤尼希皮里。這一點都不荒謬愚蠢，端看你是否能在這瞬間付諸實踐，唯有這才是唯一邁向眞正的自己之路。懷伊雷娜的這番話讓我很感動。

記憶有時會使教養盲目

「這就是我第一次跟尤尼希皮里兩人的單獨約會，我跟眞正的自己相遇了。第二天課程結束後，我就回家了。在課程上學到的方法，雖然用想的很難理解，但當做了以後便逐漸發現這方法很簡單，而且也能發揮實際效果。

「由於我在課程中已經明白，荷歐波諾波諾的目的並不只是用來激勵人、讓人變得正向，因此在我回到現實生活之後，就不再因爲巨大的情緒反差而感到痛苦。

「自從我被診斷出有憂鬱症和憤怒發作後，一直到三十歲爲止，已經試過各式各樣的解決方法。雖然這些方法的確也都爲內心帶來了依靠，但就算拚命去參加那些讀書會以激勵自己，我仍然還是得去面對現實的生活。老實說，雖然我很想將一個方法貫徹始終，但越是努力，世上的事物越會化爲阻礙。所以我灰心喪氣了無數次，也越來越厭惡灰心喪氣的自己。可是，荷歐波諾波諾認爲現實不在外面，而是內在重播的記憶所致，因此即使我感到痛苦，也都有辦法活在當下、現實生活之中。雖然這沒辦法讓我嘗到一時甜頭，不過也漸漸讓我發覺活在現實中，反而輕鬆許多，而且這樣的我，是個很可靠的存在。

「所以當我第一次上完課回到家裡，再度面對小孩和工作的時候，我完全沒有那種無法學以致用的痛苦，這方法反而是唯有在眞實生活中才能實踐的。只有在此時此地，才有機會用荷歐波諾波諾的方式來生活。不管在哪裡、和誰在一起，我都確實擁有清理的機會。在我身處的任何地點，我都有機會清理。

「我在工作和家庭中不斷實踐荷歐波諾波諾，在金錢和時間上有餘裕的時候，就會去參加荷歐波諾波諾回歸自性法的課程與講座，因為我還是一不小心就會忘記，而且也想見見莫兒娜。第一次見到莫兒娜的時候，她對我說：『荷歐波諾波諾的重點在於實踐，不在於研讀。』我一開始也說過，我眞的很不會讀書，講起話來也笨笨的，在學校不只同學疏遠我，就連老師也不喜歡我。在那種小鄉村，一個女孩子如果不怎麼漂亮，又不會讀書、也不會運動的話，連父母也會在大家面前奚落你。所以我一直避免去參加讀書會、做任何需要用到頭腦的事情，因為我深信這些事都會讓我在眾人面前出糗。但當我遇到莫兒娜以後，就擺脫了知識的束縛，更重要的是，我對於活在此時此刻的自己、對於一邊清理一邊建構出的生活，莫名產生了一股自信。

「有一次我帶我那幾個小孩去參加課程。大的兩個小孩已經有辦法乖乖坐在椅子上，不過最小的非常調皮，一直在會場裡跑來跑去。我當時很焦慮，試著把他帶到外面，也硬逼他坐在椅子上。我很在意周圍的眼光，於是逼兒子拿圖畫書自己看。結果，莫兒娜突然走近我們，對兒子說：『那裡眞的有龍耶。』

「她注視著兒子剛剛跑來跑去的地方。『謝謝你告訴我。多虧了你，我總算清理好了。』她一臉認眞的說，接著又繼續回去上課。我本來以爲這是莫兒娜爲配合小孩而說的玩笑，但不可思議的是，之後兒子便一直在座位上聽課、畫畫，變得很安靜。我問他：『會場裡眞的有龍嗎？』他回我：『剛剛還有，現在沒有了。』雖然我不是很明白是怎麼回事，但我想莫兒娜用一種特別的力量，讓兒子安靜下來，我覺得很高興。休息時間我去跟莫兒娜道謝，結果她對我說：

「『問題不在你的小孩身上。只要你不清理「我的小孩需要學習荷歐波諾波諾」的想法，孩子就沒辦法看清自己該做什麼。**小孩一直都看著所有的東西，包括那些你看不到的，是你的記憶讓他們盲目。**』

「儘管她的口氣跟平常一樣溫柔，卻感覺十分嚴厲。這時我才發覺，在不知不覺間，我變成一個把自己小孩視爲問題兒童的母親。但是想起來，這只是因爲內在的記憶，讓我把原本完美的孩子看成是問題兒童而已。養育小孩一直都是件辛苦的事，但自從那件事之後，每當小孩吵架時，我就會先清理內在，結果接二連三便會湧現出許多想法：『沒辦法把小孩管教好的我，實在令人不忍卒睹。』『如果我的小孩跟我一樣，在周圍人的眼中是個笨蛋怎麼辦。』其實我注視的並不是小孩，而是透過孩子，看到自己內在的恐懼。所以，每當我察覺到這點就會清理，持續了一段時間後，便能輕易的讓他們停止爭吵。當我們去買東西時，他們也會跟著我一起走，不再亂跑。其實，小孩正用他們的方式成長，我差一點就迷失了。藉著實踐荷歐波諾波諾，孩子得以展現他們的風格，與我的過去完全獨立開來。而在這之後，他們的表現也超乎了我的想像，他們建立起自己的人際關係，對讀書燃起興趣，讓我非常感動。

「當我三個小孩分別在二十四歲、二十一歲、十九歲的時候，我們都還住在一起。雖然各自有自己的工作，但都沒有人想要離開這個家。在美國，大部分的人從學校畢業後，就會開始一個人生活，但我們卻一直住在一起。那時我心頭突然浮現出一個想法，『現在就是我離開家裡，一個人生活的好時機』，雖然我不知道這樣做目的何在，也覺得莫名其妙。明明沒有存款，小孩又都特地爲了我而留在家裡，照理來說，應該一起生活、互相扶持才對。我也發覺原來心裡還有這樣的想法，於是便不斷去清理。然後，我開車到了旅行社，訂了一張前往夏威夷大島的單程機票。我跟孩子們說，我接下來要去大島，而且想在那裡一個人生活。雖然我想讓他們明白，我打從心裡愛著他們，但他們根本聽不下去，完全不想理我。而我到了大島後的那兩年半，一次都沒有回過家。

「但現在我們的關係，卻比以前任何時候都還要棒。突然離開家，他們一開始很生氣，還曾經在電話裡哭著對我說：『你這麼做也太過分了吧！』這句話從我踏上旅程後，就不斷對自己說。所以我一直在清理這份體驗與罪惡感。而且，我每個月一定會打一次電話回去。漸漸的，大家開始在離自己工作地點比較近的地方租房子，創造屬於自己的生活。他們也從那時候起，開始在經濟與人際關係上獨立了。

「我生長在一個很小的城鎮，在那裡養育我的小孩。在這種小鎮裡，大家連對方的小事都知道得一清二楚。那個人是誰的男朋友、這小孩的爸爸是誰、這一家只買特價的清潔劑，連這種芝麻蒜皮的小事都會被別人摸得一清二楚。星期日大家都去教會，要是你沒去的話，別人就會開始擔心你……就是這樣的一個城鎮。與其說毫無祕密，不如說彼此太過緊密、交纏在一起，以致於讓人看不清自己。搬出來住，給我一個重新清理這些體驗的機會，而在這過程當中，我的小孩也開始到能遇見各自自我意識的地方生活了。

「我在遇到荷歐波諾波諾的十五年後，也就是四十五歲的時候來到大島。

我沒有信用卡，也沒有存款，只帶著一個行李箱。我從前在課程上認識的人，讓我暫住在他們家，直到我找到工作爲止。在那三個月裡，我從家事到修整庭院，全都一手包辦。

「有一天，在我跟他們借車到鎮上買東西回來的路上，經過了去程走過的山路。我到現在想起來還是覺得很不可思議，當時不知道爲什麼，就覺得應該要往右走，於是直直上了一條看起來一點也不像路的路。我在那裡看到一間空房子，在一片樹叢中有個看板，上面寫著『待售』。自從我搬來大島以後，就一直在找房子，但是我的條件都設定在小公寓，不是這種帶著庭院的獨棟房屋。所以當我對這間房子覺得興趣的時候，感到很羞愧。我甚至感到憤怒，心想『我根本沒有錢買這種房子，也沒有良好的信用狀況，怎麼還想看這種地方！』當天晚上，一直在幫我找公寓的KR，突然打了通電話給我。

「『最近還好嗎？你看到喜歡的房子了嗎？』KR開朗的說，好像什麼都不知道的樣子。『KR，我心情糟透了。』KR聽我這麼說後便不再說話，只是靜靜的清理，接著突然開口道：『不對啊，你現在超好的！』

「這時我跟她說起發現一間房子的事，於是她說：『很棒啊！那就是你的房子。還有一個靈感花園耶。』但她明明就沒看過那間房子。事實上，當時那間房子還只是座廢墟，不過當我看了第一眼後，腦海中就接二連三出現花朵和蔬菜開花結果的情景。

「跟她說著說著，我漸漸平靜下來，發覺這其實只是因爲尤尼希皮里太激動的關係。因爲我們打算做一件從未體驗過的事，因此尤尼希皮里才會充滿恐懼。

「我想起莫兒娜以前說過的一句話。『**當你的情緒搖擺不定的時候，代表宇宙在跟你說，現在該清理了。**』

「這時我才發覺，原本我是想讓這間房子提供我一個歸屬，但其實並非如此，是我要藉著房子來清理內在的所有記憶。

「KR緊接著說：『你現在千萬不要忽略尤尼希皮里的聲音。就連那些束縛住你的普遍價值觀，也都是尤尼希皮里反覆播放給你看的。』

「於是我開始持續對尤尼希皮里說話。『尤尼希皮里，謝謝你讓我發現這件事。這是找回我們眞正羈絆的一個好機會。是你幫我找到一間跟我們絕配的房子對吧？接下來我們就在這塊土地上一起清理吧。』

「接著，事情的發展出現了轉變。首先，讓我寄住的那一家丈夫，介紹我去幫住在附近的一對老夫婦做看護的工作。面試的時候，我發現爺爺抱不動原本體型較大、體重較重的太太，但太太又不想找男性看護員。這時便該我上場了！我從小身體就很強壯，就像你們看到的這樣頑強，我對體力活很有自信。就這樣，我馬上找到了工作，他們還答應付我足以支付貸款的薪水。然後，我便以自己無法理解的速度，住到這片五英畝的土地上。

「而且，關於這間房子還有後續。有一次我兒子打電話來，他說：『媽媽，其實我正打算買房子。』我問他：『哪裡的房子？』他說：『以前跟你一起住的房子，我要買下來。』

「我這時才發覺，原來我在夏威夷一邊清理自己的人生，一邊從零開始建構出自己的家，最後會讓我原本的家，轉變成家人眞正的家。**就在我清理自己的執著、道德觀，與一些原本認為『應該如何』的想法後，我體驗到自己真正身為人的那一刻**、有了存在於內在家人的那一刻，而外在與我的家人也都合而爲一了。

「兒子說他之所以準備買下這間房子，是爲了讓我將來在夏威夷的生活與工作退休後，可以隨時回去。有時候就會發生這種事吧？原本明明互相依賴到沒辦法離開彼此，但當每個人找回自己之後，就能在家人中感受到一股超乎想像的連結與信賴。

「就在我找回自己、孩子們將我視爲一個自我意識的那一刻，我們也在家人之中找回了自由。」

向神性智慧許願

懷伊雷娜說這番話的時候，眼睛閃閃發亮，看起來很開心，而這時整間屋子似乎也充滿了感謝之意。我環視這間屋子，看到桌上擺著許多家庭合照。雖然只是幾張照片，但卻可以從中感覺到懷伊雷娜每一天仍然一邊在這間房子找回自己，一邊持續清理她深愛的家人與她之間發生的，以及所有體驗。我突然發現懷伊雷娜也在看家人的照片。

「最近我兒子生小孩了，非常辛苦。從前在安眠藥帶來的昏沉狀態下養育小孩時，同時也不斷向神性智慧祈禱，求祂一定要讓兒子平安長大。其他不管怎樣都無所謂，只要孩子能夠好好活著，我就心滿意足了。

「老實說，我是在清理得很不充分的狀態下，去接觸神性智慧的，但神性智慧卻能明白。不管我用什麼字眼、說了什麼漂亮話，都能實實在在向神性智慧呈現出眞實的樣貌。我從那時候的體驗中明白，**只要能對自己過去的做法有所悔改，神性智慧就會聆聽你真正的願望。重點不在於說了什麼，只要冀望自己能夠重生，就能找到自己的道路**。

「雖然我祈求兒子平安，但是對神性智慧來說，我的願望是爲了找回自己的生命。儘管我祈求的是兒子可以幸福成長，但其實生命是想透過兒子，找回我眞正的樣貌，找回直接連結到神性智慧的完美生命。不管一開始的理由是什麼都無所謂，只要持續使用這個方法，任何人都會發現自己在不知不覺間，逐漸找回了眞正的自己。就算沒發現這點也沒關係，只要持續下去就好。」

「我要去榨柳橙汁了。」懷伊雷娜從椅子上站了起來，於是我也跟著她走到廚房。廚房是懷伊雷娜親手打造的，在這令人感到雀躍的空間裡，充滿可愛圖案的盤子和餐巾紙。我小時候的夢想就這樣搬到了現實當中。

「這些古董瓶子好漂亮！」千穗說。廚房的窗邊排著一些淺藍色的古董玻璃瓶。

「在我剛來到這間房子的時候，這邊還只是一座廢墟。連KR第一次來看的時候都嚇了一跳，我們兩人還爲此而哈哈大笑。之前住在這裡的人，生活應該很糟糕，房子和院子裡都有滿滿的菸蒂和詭異的針頭。這間木製的房子，天花板也都是洞，每次下雨時都會漏水，每次一漏水我就修理。而我每天撿垃圾的時候，都會對房子說『對不起，一直把你放著不管』『對不起，把你弄得這麼亂』，結果心裡便出現『被人看得很渺小是件很痛苦的事』的想法。我終於明白一直以來都把自己看得多麼渺小。這塊土地即使變成垃圾堆，也還是不斷綻放著這麼多植物，我對這塊土地由衷感到尊敬，於是更加致力於清理。之後，當我每天在院子裡散步的時候，腳都會踢到一些東西，就這樣找到了很多古董瓶子。很漂亮吧？我拿到鎭上的古董店，結果竟然可以換到足夠買一個瓦斯爐的金額。

「說眞的，要是我早一點這麼做的話，或許兒子們早就開始過自己喜歡的生活了，不過對我來說，每一步都是必要的過程。修理屋頂的破洞、彈簧壞掉的床怎麼換、瓦斯爐的取得流程，我一一清理對這些事抱持的各種主觀認定、死心斷念與期待等想法，同時也終於能用清理後那個澄澈的自己來面對事物，這讓我明白自己受到了許多守護。如此，便讓自己重生並站起來了。拜此所賜，由記憶所引起、女性單獨在深山裡生活可能會出現的各種問題，再也沒有機會進入我的人生當中。

「莫兒娜常說，女性該擁有自己的房子。這當然不是說男性可以沒有房子，她的意思是，女性擁有房子，等於是為世界帶來非常強而有力的轉化。」

我只要一想到這間房子，裡裡外外都是配合懷伊雷娜找回自己所需的這段時光而構成，而她的內在充滿著這麼具有豐富色彩與想像力的世界，就不禁深深感動。一個人、一個女性，創造出自己的生活，是件既可貴又如同奇蹟般的事，宛如能觸碰到宇宙的奧祕一樣。說起來，我想起這次在訪談中遇到的每個人，在說起自己的房子時，都好像是在說自己的事情般。

「從前有個前來拜訪莫兒娜的顧客，曾經發生過這樣的事。那名男子住在歐胡島名叫卡內歐希的城鎮，他家裡一直出現狀況，所以來向莫兒娜求助。他們家晚上會不斷傳出各種聲音，明明沒有人去開抽屜，抽屜卻是開的，這些情況讓他們感到恐懼，認爲是一種騷靈現象。於是莫兒娜去了那個人的家，她看到那邊有個穿著藍色兜檔布的梅涅胡涅（夏威夷傳說中的一種小矮人）的靈魂，到處走來走去。莫兒娜問幽靈：『爲什麼你要穿過這間房子呢？』梅涅胡涅說，這間房子後面有座山，有條通道連結著上面的世界，但這間房子蓋在通道上，因此他就迷路了，而且還一直撞到房子，所以很生氣。莫兒娜簡單跟那戶人家說，『請你們持續供奉一個星期』，然後就回去了。大家聽到這件事都很震驚，因爲原本都期待莫兒娜會用一些更荷歐波諾波諾式的解決方法。但當他們連續供奉一星期後，騷動便停止了。之後他們仍一直將花和乾淨的水放在那裡。我後來問莫兒娜：『供品有那麼重要嗎？』莫兒娜回答我。

「『我對那位梅涅胡涅說，如果他們供奉你一個星期，證明他們是認同你、尊重你的，到時就請你不要再那麼粗暴，而且，我也已經找到你原本要走的那條路了。雖然說不供奉也可以，但是，**若我們察覺不到位於此處的存在，相對的就應該學會謙虛。**』

「所以，這間房子也是一樣。我不知道現在這一刻，這裡有怎樣的存在。只要理解到這一點，就能隨時找回謙虛的態度，而這分謙虛，也會告訴我們住在這裡所需要的智慧。」

我喝了懷伊雷娜榨的新鮮柳橙汁，又要準備出發了。這間屋子充滿著許多閃閃動人的東西，甚至讓我覺得，要是再繼續待下去，一定會出現各式各樣的神奇現象。但不管怎麼說，大島終究很遼闊，接著我們打算花四個小時，在日落之前抵達位於島嶼南端的KR牧場。懷伊雷娜要開車送我們到那裡，她熟練鎖上門後，我們就在山羊和兩隻狗的目送下出發了。

向火山女神打招呼

我們從威美亞出發，途中經過希洛，不斷往南走。不久前在威美亞看到的那種朦朧景色，已經完全消失無蹤，即使從車內也能感受到臨海區域那股慵懶的生活步調。我第一次去想像創造出荷歐波諾波諾回歸自性法的莫兒娜，是在四年前，當我和修藍博士以及夏威夷的夥伴聚在科納的時候。那時，我感受到的風與時間流逝的方式，是在熟悉的歐胡島從未感受過的，這令我留下深刻的印象。

「我想去一個地方一下。」懷伊雷娜對我們說，接著就將車開進夏威夷火山國家公園。位於此處的基拉韋厄火山，被認爲是地球上最活潑的火山。看來她是要去看火山口。車子開到了最高處，一下車風便不停吹在身上，實在非常冷。懷伊雷娜明明穿著短袖，看起來卻一副什麼事都沒有的樣子，從車上拿出了一個裝滿水的藍色瓶子，走在我們前面。當我在盡頭處環視四周景色時，簡直就像是浮在火山的中心似的。懷伊雷娜說：「我們很快就走。以前我和莫兒娜來過這裡好幾次，來跟這裡的佩勒（夏威夷傳說中的火山女神）打招呼。因爲莫兒娜今天一直出現在心裡，所以我們就來跟佩勒打招呼吧，是她將我們這趟旅程引導到該去的方向。」

接著，她把藍色太陽水倒進火山裡。我靜靜站著進行ＨＡ呼吸。ＨＡ呼吸是荷歐波諾波諾具代表性的清理工具，這種呼吸法可以讓我內在的家人，也沁透在神聖的呼吸當中，並且幫助我們整頓下來，回歸到原本的自己。自從我學了這個方法後，每天就在各種不同的場合中使用，例如在感覺有壓力、緊張、通車、跟人見面之前等，煩躁的情緒會因此而平靜下來。此外，當莽撞的我感到太幸福而興奮不已時，只要使用這個呼吸法，就不會迷失眼前該做的事情。

另外，從前博士曾經跟我說，當我們踏入一塊新的土地時，也要進行ＨＡ呼吸，於是從那時開始我就一直這麼做。

「每一塊土地都是神性智慧創造出的神聖場所。你要透過記憶來與其接觸，還是要透過神聖與其接觸，全都取決於你是否清理。**你會造訪一塊土地，就代表有某些需要清理的事物。你與這塊土地，都會因為清理而找回自由。**」

第七章 KR的荷歐茂牧場

接著從基拉韋厄火山又開了兩小時左右，經過無數蜿蜒的道路，往KR牧場所處的南科納前進。我們漸漸來到人煙稀少的路上，太陽不斷下沉。正當我心想「要是天色全黑的話還眞有點恐怖，懷伊雷娜回去沒問題嗎？」懷伊雷娜就打了通電話給KR，跟她說：「我們到了。」過了一會兒，就在我們要停車的時候，KR的兩個孫子和一些小朋友，剛好從前方走過來，他們手牽著手，看起來很開心的樣子。

由於KR的女兒凱拉和凱拉女兒安娜尼亞與兒子馬丁，從今年開始負責管理這個牧場，因此已經從歐胡島搬到KR牧場來住。KR的其他幾個孫子也從加州過來玩，順便過暑假。這邊已經徹底有牧場的味道了，他們讓蚱蜢停在頭髮上，玩得相當愉快。KR從建地中走了出來。

「嗨！」看到ＫＲ一如往常的笑容後，有種「我們終於到了」的感覺，於是鬆了一口氣。

「我們趕快在太陽下山前進去屋子裡吧。我還要帶愛綾她們去晚上要睡的小木屋。」

我們拿著行李，先到我們要睡的小木屋。這是我第二次來這裡，第一次是在ＫＲ決定買這座牧場前不久。那時我看到的紅色屋頂房子，根本就是座廢墟，如同懷伊雷娜所說，到處都是破洞。我心一驚，暗自叫道：「我們眞的要睡在這裡嗎？」但當我們進入屋子後，才發現在這半年內，很多地方都已經過修理，甚至連床都準備好了。雖然空蕩蕩的，不過只要跟千穗兩個人在一起，就不會害怕。ＫＲ很高興，興奮又帶些得意的說：「變得很漂亮吧？」她仔細向我們介紹屋子裡的東西。她還是一如往常，無比的熱愛房子與土地。

我們放下行李後，前往主屋。主屋是ＫＲ的女兒凱拉和家人住的地方，ＫＲ待在夏威夷島的時候也會睡在這裡。雖然之前看到這間房子時，跟一座廢墟一樣，感覺很像是恐怖電影常見的舞臺，不過當有人開始在此生活了之後，整個都變得不一樣了。變成一間與年輕居住者相當般配，清爽的房子。

屋子裡，凱拉已經在準備晚餐。我們很久沒見了，久違重逢彼此都很開心，我給凱拉芥末口味的香鬆禮盒當作伴手禮，她曾說很喜歡這個，而禮物也讓她非常高興，看她高興我也很開心。KR的孫子也全都聚在這，有的在幫忙，有的在畫畫，有的在教我們彈烏克麗麗，撫慰了懷伊雷娜、千穗和我長途下來的疲憊。

晚餐結束後我們走到戶外，發現天空填滿著銀色的顆粒。在這片黑暗中，懷伊雷娜又要花將近四小時的車程開車回去。「我要回家了！」她露出燦爛的笑容，說完這句話就走了，絲毫看不出疲憊的神情。謝謝你，懷伊雷娜。

我和千穗收下手電筒，一起從主屋前往小屋，慢慢撥開草叢一步步走去。晚上就算在屋內也還是很冷，我們緊緊裹著搖粒絨外套，圍著孤零零的一張桌子，在睡前各用一杯當地的啤酒來乾杯。這時外面突然傳出了聲音。一開始我還想是松鼠或狸貓之類的小動物，但接下來聲音變大，變成一種沉重的聲音，可能是牧場的馬走到這裡，於是我們又放心的繼續喝著啤酒。可是，看來這種生物不只是一兩隻，有大量的某種生物發出沉甸甸的聲音，以我們為目標緩緩靠近，包圍了這間屋子。我和千穗發出驚叫聲，推測牠們是被屋子裡的電燈和氣息引過來的，於是馬上將燈關掉，趕緊躲到棉被裡睡覺。「晚安！明天見！」我們互相擁抱，躡手躡腳跳上各自的床。在這間沒有網路、什麼都沒有的屋子裡，明明已經很累了，我卻因爲那些恐龍般的腳步聲而遲遲無法入睡。我抱著求神保佑的心情，在被窩中進行ＨＡ呼吸。聽到外面的聲音逐漸遠去，才陷入夢鄉。

隔天早上，陽光照到臉上，我急忙從床上跳了起來，看了看窗外，沒有恐龍也沒有任何東西。千穗已經起床了，正刷著牙。太好了，大家都沒事。儘管我已經很久沒有這種恐怖經驗，但一大早就感到非常愉快。早晨的陽光就像在證明昨晚的事件已徹底成爲過去一樣。我已經很久沒有像這樣，深刻感受到新的一天來臨了。

清理判斷便能找回自己的存在

昨天我們抵達牧場的時候天色早已昏暗，而且又有些疲倦，因此沒心力環顧四周，不過今天一走出戶外，又重新感受到這片一千六百五十英畝（大約等於一百五十個東京巨蛋）的牧場有多麼廣大，大到連視野都容納不下。這和我平時所見到的景色和寬廣度差太多，因此感覺眼睛的肌肉爲了適應，正拚命的調節。今天KR要帶我們參觀牧場。我們前往主屋吃早餐，先把肚子塡飽。

屋子裡還很安靜，只有KR一個人在廚房忙進忙出，其他人似乎還在睡覺。早晨的陽光射進廚房，KR正將咖啡倒到壺子裡。

「有格子鬆餅和吐司，你們要哪種？我是吃鬆餅。」

我選了鬆餅，接著一邊津津有味的享用剛泡好的咖啡，一邊跟KR說昨晚發生的事情。我告訴她，在我們快要上床睡覺的時候，外面出現巨大的生物想要襲擊屋子，結果她聽了大笑說：

「抱歉、抱歉！那是野豬。因爲我們這區進止獵人進入，所以大家半夜就逃到這裡來了。平常這邊不會開燈的，所以一開燈牠們會聚集過來。你們沒事就好！」說完之後，又再度哈哈大笑。

謎團解開了。即使身在屋內我也能明白，雖然現在大家處在祥和的氣氛當中，但只要一踏出戶外，就是極爲廣闊的土地。這邊感覺不到外面有任何人，這對於從小在都市長大的我來說，有種解放感，同時卻也有點緊張。ＫＲ的女兒凱拉，年紀和我差不多，她和正值青春期的女兒安娜尼亞以及兒子馬丁，已經搬到這邊住了。就昨晚的感覺而言，他們看起來都已經適應了新環境，很享受這裡的生活。我一直很嚮往大自然的生活，但是，不管是昨天夜裡的野豬，還是熱水水龍頭的出水方式，或是糧食倉庫的保存方法，都能看到生活上的實際差異；一想到他們已經適應了這些變化，就不得不敬佩他們。我邊想著還在夢鄉的他們，一邊說：

「他們三個人好厲害。突然就得開始在這裡生活。」

ＫＲ立刻從陽光開朗的感覺，轉換成面無表情的模樣，彷彿切換成她在進行個人諮詢時的模式般，開口說：

「有一次我點進一個平常不會看的競標網站，這塊土地剛好在出售。雖然我很有興趣，但這塊土地大得超乎我的想像，金額也不是我能貸到的，所以就這樣置之不理。但不知道爲什麼，這片土地一直浮現在心頭，所以每當我想到它時就去清理。後來因爲工作關係來到夏威夷島，我來到鄰近的區域，於是便聯絡了他們的負責人，來看這塊土地。我對這片土地抱有無比濃厚的興趣，完全不受購買與否的影響，也一一清理了對這塊土地的想法。『我喜歡跟這裡珍貴的植物有所接觸』，當心裡出現這個想法時，就立刻清理。『但這終究只是一場夢，我沒有資格擁有這裡』，當心裡出現這種想法時，又再次立刻清理。我在負責人的好意安排下，在森林裡和馬一起散步，而這時候，我終於接近平常的狀態了。也就是不判斷，只是單純使用荷歐波諾波諾，活在眼前。這時我心想，『我就在現在這狀態下競標看看吧，從中獲得體驗就是現在該做的』，於是便以當下的條件去參加競標。修藍博士也要我不斷清理這塊土地和我之間的關係。『我要取得一塊一千六百五十英畝的土地』，我沒有像這樣著眼於很大的目標，而是一邊清理眼前所需的項目，一邊付諸實行。例如說，填寫申請表、準備銀行存款紀錄檔、請律師等，我將這些事一個個清理，同時一步步著手完成，結果就在這麼做的過程當中，有一天突然感覺到，我已經決定要購買這塊土地了。

「我沒有太過驚訝，就這樣自然得到了這塊土地。我的心噗通噗通跳著，心想從此就要去清理和這塊土地的關係了。要是我那時光用腦袋思考，將在這片廣大的土地上做什麼的話，我想我肯定會偏離自己的藍圖。比方說，要是我當時急著活用土地，輕易運用土地所有人的權利，招募想在這裡做生意的廠商進駐藉此來營利的話，或許就會破壞其中的自然生態，造成不可挽回的局面。話雖如此，但我並沒有立刻出現要在這裡謀利的想法，而且以當時的情況看來，我也不認為我能夠長期居住在這裡。

「只要一出現判斷，我就立刻清理。當我有什麼構想時，或是有人給我建議的時候，我也會清理。同時，每天都會問這塊土地希望我怎麼使用它。就在這時，我女兒凱拉自告奮勇說，他們想要從歐胡島搬到夏威夷島，擔任牧場的管理者。這個方案我完全想都沒想過。他們從小在歐胡島長大，兩個孫子也還是學生。但是她卻很開心的提出方案，說他們想要在這裡生活、想挑戰看看。

「老實說，我當時內心很忐忑不安，就連現在也如此。每當我待在歐胡島的時候，一想到他們我還是會有點擔心。有時候也會想，『在這種人煙稀少的地方，一個年輕的女人和兩個小孩，要是出了什麼事該怎麼辦？我眞是個不負責任的媽媽。』他們搬來這裡後，我來過好幾次，一開始大家不停吵架，兩個孫子都很想念歐胡島的朋友，哭個不停。我看到這種情況後，也曾經責怪自己『這樣做果然行不通』。不過就在這時，我想起從前剛成爲母親不久時，莫兒娜曾經對我說過的話：

「『對眼前出現的狀況負起百分之百的責任，並不是叫你自己一個人去決定、去完成所有事情。只要清理內在的判斷，就能找回自己真正的存在。這樣一來，對方的能力也會發揮出來。』」

不要把事物看得太重大

「當小孩不聽話、一直哭個不停的時候，我無法認爲錯全都在小孩身上，於是往往會覺得自己不是個好媽媽。不知道從什麼時候開始，**我以為要這麼想才是個負責任的母親**。而莫兒娜就在這時對我說了那番話。我的小孩活著，我也活著，我們一起待在同一個地方，而在這無庸置疑的事實當中，我發覺看著小孩哭鬧讓我很痛苦。於是我開始清理。我對尤尼希皮里說『感覺很痛苦對吧、眞的很難過對吧』，同時也不斷在心裡念著『我愛你』。當我這麼做之後，焦點就能再次定下來，明白實際上該做些什麼。有一次當小孩正在哭泣的時候，我想對他說的話就這樣自然脫口而出；又有一次，小孩哭個不停，但我卻離開現場去做飯、回到該做的事情上。不可思議的是，小孩也會重新畫起原本畫到一半的圖，或是去找新的遊戲來玩。只要某個人先找回自己，平衡便會漸漸回到身邊。之後，我持續這樣養育小孩，在夏威夷島時，我回想起當時養育小孩的那些事。

「我發覺，我只會用『他們不可靠而且焦慮不安、年輕的一家三口住在非常危險的地方』這樣的判斷，來衡量他們的選擇。而這時我能負起的責任，就是清理自己。就在我清理之後，開始重新修正牧場地圖，而這是我待在牧場時一直都想做的事情。過不久，我也自然想送他們一台洗碗機，並且確實付諸實踐，這時我才開始活出自己。接著，女兒就在當地找了原本就需要的臨時工，幫忙照顧牛隻和馬匹，兩個小孩也逐漸安定下來，又能開始讀書、重新回到學校上課。

「就這樣一直走到現在。當我每次回來這裡，都能看見他們變得更加堅強，同時也與這塊土地有著緊密的連繫。大家騎著馬或坐著全地形多功能越野車（ATV），到這座牧場告訴我們那些需要修整的地方，按照牧場告訴我們的方法，確實進行修整。而最近我們更是知道，這座牧場裡有無數瀕臨絕種的植物，以及國家保護植物。剛好有個調查團前來這座島，他們到處隨機選擇牧場進行調查，不過大部分的人都並未清楚掌握自己的牧場，再加上還有很多主人不希望別人或國家介入他們的牧場，因此調查團不斷遭到拒絕。但我女兒在那時就已經清楚掌握牧場裡的道路，以及哪裡有哪些東西了，所以他們能接納調查團，並得以參與這項計畫。終於，連意識的部分也能理解新的運作，但其實運作一直都存在著，而且所有與此相關的人，本應都能聽見這項訊息才對，然而我卻沒有。反覆的判斷，差一點就要用記憶將這塊土地原本該做的事給奪走。

「莫兒娜也常說，『**一旦把事物看得太過重大，就會失去其中重要的本質**。』

「當我遇到這塊土地時，要是心想『如果能買下這裡，死也足惜』；當我決定要買下來的時候，如果心想『這片土地這麼寶貴、這麼廣闊，這片土地的買賣是筆非常大的交易，所以我絕對要牟取到多少利潤才行』『一個年輕家庭要在這裡生活根本就是癡人說夢』；或是『他們是特別的，所以絕對做得到！』這些想法在在都是將眼前發生的事看得太過重大的原因。當你這麼做的時候，等於是忽略了在這事件中體驗到、看到的每個線索與其中眞正的目的，且不斷踐踏著這些事物胡亂往前走。

「話說如此，拚命裝作開朗，明明內心不安卻還硬要相信一切都會沒問題也是一樣。這時你應該要一一清理眼前發生的事情，接著會開始看到一些東西，要盡可能讓自己活在這些事物當中。當你這麼做之後，肯定就能逐漸從中看到某些風貌。

「莫兒娜常這麼說：『要是把一件發生在身上的事看得很特別，就是一個警訊。這是清理的機會。』

「特別的意識與感謝是兩種完全不同的能量。**當你抱著某種特別的意識時，往往會迷失眞正該做的事情**。相反的，當你面對出現在眼前的事物時，若能謙虛清理一切體驗，便能在『現在』做出立即的反應。所以，既能從靈感中踏出一步，又能做出超出認知範圍的計畫，並在最佳時機付諸實行，便能因此而避開危險。這一個又一個的結果，發展為現在的狀態，令我成為牧場的主人，而且讓我的小孩住在這裡並管理，同時他們還正打算進行一項新的調查計畫。現在我看著眼前的情況，覺得這樣非常符合我的風格，而且也讓我看清了該做什麼事。最重要的是，這讓我感到既興奮又期待。」

當我對一件事抱有特別的意識時，好比說，當初剛開始跟修藍博士一起工作時，我曾經心想他是位特別的人物，於是感到很緊張。而且，我覺得會有這種想法是理所當然的，如果不這麼想，我就是個驕傲的人。修藍博士有一次就對我說：

「就連對人或土地抱有特別的感情，也算是一種記憶。如果你放下這些感情，就能找回你跟這個對象之間原本的神聖連結。你該尊敬與謙虛的對象，原本就該是那神聖的連結才對。如此，你與該對象才能發揮出各自的才能。」

自從我步入社會後，開始接觸各種不同年齡層、活躍於不同領域的前輩，這是非常難能可貴的體驗，但我有時卻會因過度緊張而迷失眼前該做的事情、搞出許多烏龍，或是硬逼自己表現出專業的態度，將緊張隱藏起來，結果就會展現出一副趾高氣昂的樣子，而讓對方感到不快。我有過許多這樣的經驗。無論哪種情況，都沒辦法將雙方關係拓展開來。當我對於發生在身上、出現於眼前的事情，過度抱持特別的意識時，就沒辦法保有眞正的自己，也沒辦法尊敬、尊重對方。從此，每當我與人會面感到緊張時，以及和尊敬的人見面、與奮到腦袋發熱的時候，一定會清理。這麼一來，跟原本緊張的時候相比，很不可思議的，我能更單純的爲對方的卓越感動，說出的話也不會再跟心中所想的有落差。於是，我的工作出現了戲劇性的轉變，開始感到充實且充滿收穫。內心處於放鬆的狀態，也能好好著手當下該做的事，這些情況漸漸增加了。假如人與人之間存在著一種稱爲人際關係的東西，那麼，這種東西肯定是要在自己先找回這種狀態後，才開始孕育出來的。博士也對我說過：

「感謝與尊敬，是當你的記憶歸零時，生命與生命之間彼此自然爲對方獻上的東西。沒有任何一種存在會願意被記憶束縛，大家都渴望自由，就跟你一樣。**真正的自由並不是去傷害、破壞其他東西，而是一種更能讓大地放鬆的節奏。**」

我發現我一直都很害怕，覺得要是變得自由，就會傷害到別人、受到他人誤解、或是一意孤行，以致於無法與他人創造出良好的關係。但博士所說的自由，看來並非如此。

「當你開始活出自由的時候，要是對改變感到恐懼的話，恐懼便是存在於內在的記憶。事物會因你引起的這些改變，各自回到原本該走的藍圖之中。」

回到原本的節奏

KR繼續說：「荷歐波諾波諾讓我們找回平衡。當我們對某些事投入過多心力、沉迷其中的時候，只要使用荷歐波諾波諾，就能幫助自己找回平衡，這一點眞的很重要。

「像這間房子就是這樣。如果我們對這片土地與自然環境過於熱衷，就這樣將這三間舊房子置之不理的話，事情的發展肯定會與現在有所不同。要是我們過於重視大自然、藐視自己的生活，那麼這不平衡的狀態，一定會出現在自己身上，接著還會再顯現於跟我們相關的一切事物上。這是我從莫兒娜身上學到的一件很重要的事。

「我剛來到這座牧場時也覺得，以後待在這裡的時候，就算有什麼不方便的地方也無所謂，即使要搭帳篷過夜也沒關係，重要的是，我必須爲這塊土地做些什麼才行。不過當他們開始在這裡生活時，我終於回想起，跟蓋房子時需要用到鷹架一樣，我們也必須找回自己的平衡。這塊土地上有三間幾乎快垮掉的房子，而我們是人類，也需要過日子。由於我擅自決定了優先項目，因此想法才得以改變，開始認爲我必須好好處理現在發生的事情。不可思議的是，每當我開始著手整修這些房子的時候，牧場也會出現變化。我們爲了整修屋子的水管線，需要一一檢查牧場，結果檢查到最後，發現那些老舊的配水管，已經快被火山壓在下面了。假如錯失這個時機，導致配水管破裂的話，就必須動到大工程，得付出額外的心力不說，還會爲土地帶來很大的負擔。所以說，平衡很重要。這是一塊非常棒的土地，它幫助我回想起這些，才能像現在這樣接待你們、跟你們一起迎接愉快的早晨。這是一個禮物。」

當我把一件事看得非常不得了時，就沒辦法看清什麼才是重要的。在我跟荷歐波諾波諾一起生活後，我也學習到，其實生活中的每件微小事物，都隱藏著一些跟其他事物相關的細密資訊。

「能夠每天清理，眞是件富足的事。

「莫兒娜都說，『太陽、地球與宇宙，原本就有一股帶節奏的流動。回歸這股節奏是非常重要的，而清理可以幫助你實現這點。所以，母子間無聊的爭吵、無趣的電視節目、疾病始終無法康復，每件事情都是爲了讓你回歸你的節奏。藉著去清理疾病，你會找回自己；藉著清理無聊的電視節目和家人之間的爭吵，找回你和整個宇宙的節奏。我們要活在這個節奏當中。』

「所以，我也想要清理現在這個當下。」

KR恢復平時可愛的笑容，從椅子上站了起來，到房間去換衣服。

直到剛剛爲止，我都還有些孤單寂寞的感覺，宛如是被遺留在一片遼闊的土地上。不過KR的這番話，讓我突然清醒過來，明白其實這間房子也是這片廣闊土地的一部分，牧場做著牧場該做的，房子做著房子該做的事，雙方確實處於平衡當中。儘管今天我們要花一整天的時間拍攝KR的土地，但我希望自己能以一個訪客的身分，確實清理自己，並待在這股節奏當中。

我們吃完早餐後，喝著KR泡的可口咖啡，著手爲接下來的牧場巡禮做準備。當初的計畫是要騎馬繞整座牧場，不過三匹馬中有一匹正在靜養，於是改成用ATV來代步。KR自己開一台，剩下那台由我開，攝影師千穗則坐我後面。我懷著雀躍的心情，出發前在牧場中唯一連有Wi-Fi的主屋，查看了收件匣，發現修藍博士寄來一封簡短的郵件。

當你一直拚命想看出對方的心意時，便會深陷陷阱裡。因為這是一種記憶。這並不是對方真正期望的事，而是萬物從以前累積到現在的古老記憶。與其這麼做，更該不斷去清理那些出現在你眼中、你對對方所下的判斷，才是最重要的。而當你這麼做之後，你能做的、該做的、和對方之間真正的羈絆，便會自然朝我們流過來。自由並不是從別人或環境那裡搶來的。你會非常輕易就受困在記憶的漩渦中，因此，也只有你才有辦法讓自己解脫。平靜從你開始。自由也是從你開始。

被記憶困住的摔車體驗

我第一次看到ATV，遠比想像中還要大台，而且車身凹凹凸凸的，光看就覺得堅韌。雖然KR教我一些簡單的操作，不過由於我只有自排車的駕照，因此車子握把上、五花八門的變速鈕讓我心生畏懼。不過，她告訴我基本上只會用到D檔跟R檔，於是我先在旁邊練習，結果開起來意外的順。畢竟牧場這麼大，也不需要注意對向車道，而且我又想快點開始探險，因此草草結束了練習，便充滿幹勁的說：「我們出發吧！」

KR開在前面，我跟千穗兩人共乘一台，跟在她後面，在牧場中持續往前進。這裡真是大得不得了，平常的行進範圍再遙遠，也在視野所能容納的範圍之內，因此在我適應前方與左右這片延伸到無邊無際的景色之前，一直都有種頭昏眼花的感覺。KR不時回過頭來，用燦爛的笑容向我們揮手，跟影集《草原上的小木屋》裡叫蘿拉的少女簡直一模一樣。她偶爾會停下來，讓我們看看牛群。

「那隻小牛出生不久就被媽媽拋棄了，是我的孫子馬丁把剛出生的小牛用馬載回家的。但這隻牛現在看起來很有精神吧！真是太好了。」

這邊有生物需要照顧，天氣也總是劇烈變化，生活在這種環境當中，就像KR說的，如果單獨專注在一件事上，便會覺得自己沒辦法應付，這一點我現在已經充分明白了。在這邊生活，需要照顧牛、自己也要在家吃飯、還得去買東西、去見其他的人、配合天氣的變化，面對這些事情，若身心無法隨機應變，根本沒辦法生活下去。

但其實都市的生活也是一樣。沒有任何事物一直是相同的，不管對方是再怎麼熟悉的人，我的內在和對方的內在，仍會因爲重播的記憶，而不斷產生變化。我能做的就是一邊清理自己的體驗，一邊做該做的事。

就在這時，路突然變窄了。我們在很陡的上下坡緩慢前行。KR途中一度停下來，喝水休息，接著又開始前進。

等我回過神來，我的臉已經在土裡了。嘴巴也有土，耳朵、鼻子裡都是土。土也跑進了眼睛，痛得我睜不開。我不知道發生了什麼事，而在下一刻，才發現我跟車子一起翻覆，於是立刻大叫：「千穗！」我心想「坐在我後面的千穗要是受傷了怎麼辦！要是她丟了性命怎麼辦！」我感覺快要發狂，才漸漸聽到有人叫我的名字。

「愛綾、愛綾。」

「你沒事吧？」

「你有沒有撞到頭？」

KR和千穗拚命對我說話，即使如此，不能自已的我，仍然不停使勁叫著

「千穗、千穗、千穗」。

ＫＲ以強而有力的聲音說：「千穗沒事。我們現在是在問你有沒有事，你冷靜下來。」

原本模糊的雙眼開始看得到東西了，我看到ＫＲ和千穗站在那裡盯著我看。千穗默不作聲的緊盯著我，用眼神向我傳達「我沒事，我在這裡」。

我終於開始掌握現狀，首先確認了身體有沒有受傷。頭沒有撞到，身體施力時不會有劇烈的疼痛，所以肯定沒有骨折。但是我的右腳動不了，一定是被壓在車子下面，抽不出來。

我告訴她們，接著她們發出吆喝聲，把車子稍微抬起來一點，我終於爬了出來。我的身體在顫抖，不知道究竟是因爲害怕、疼痛、還是悲傷，腦子只是一片空白。這時我完全不知道該做什麼，置身於何處。眼前的景象十分駭人，一棵石栗樹朝懸崖的方向彎成兩半，而那台巨大的ＡＴＶ非常幸運的翻倒在懸崖邊緣，剛好被樹支撐住。等我看到這片景象後，開始拚命道歉。

「對不起，對不起，對不起。眞的很對不起，我闖了這麼大的禍。眞的很對不起。」

我渾身不停顫抖，只說得出這些話。我竟然犯了這種天大的錯——當時腦中塞滿了這個想法。我甚至害怕得無法直視她們兩人。

接下來，KR採取了非常迅速的動作。

「愛綾，你坐在我後面。我要去拿山中小屋裡的滅火器，你跟我一起去。千穗，車子看來是沒有漏油，你能不能在這裡等我呢？我會在十分鐘內回來，如果發生什麼事的話，你就離開現場。」

千穗用清晰的聲音說「好，我明白了」，而我坐上KR的ATV，火速前往山中小屋。在行進的路上，我抓著KR，仍然無法整理腦中雜亂的思緒，心中滿滿是抱歉。

KR對我說：「眞的是太好了，你平安無事。眞是太好了。」

當時我完全不能自已，甚至不知道該如何解讀她這番話的意思。我們馬上抵達山中小屋，兩人一起打開沉重的大門，找到滅火器後再次回到事故現場。用常理來思考，讓千穗留在有可能發生火災的地方，或許是件不合理的事。不過現在想起來，KR也許是爲了藉由讓我參與實際的行動，讓情緒無法平復的我冷靜下來，才讓我坐上車、一起去拿滅火器。

我看到千穗站在遠方，對著歸來的我們揮手，才稍微有安心的感覺。我們再次確認車子是否漏油，接著三個人一起試著將車子抬起來，但實在太重了。KR的家人正在隔壁城鎮採買物品，她打電話給他們，向他們說明情況，請他們返回家裡。車子開得再快，從隔壁城鎮到這裡至少也要一小時。這時，我的腦中依然充滿著後悔、抱歉與羞恥，這些想法不停盤旋在心裡。

在悲傷的記憶之中

我把大家的行程都打亂了，還讓大家置身於危險當中，也破壞了昂貴的物品和寶貴的樹木，更浪費了大家的時間，我感到非常丟臉，也覺得抱歉。我能做的就只有道歉，甚至連道歉都令我感到羞愧。我道了太多的歉，腦子都變得怪怪的了。即使如此，仍然再次對KR及千穗說：「眞的很對不起。」

KR收起手機，走到我和千穗身邊，對我們說：

「OK，我知道了。在大家回來之前，我們就先待在這裡吧。我們現在必須在這個現場清理。剛剛這裡發生的，肯定不光只有這次的事情。我們一定都有些記憶，是必須由這塊土地、這個地點來撫平的，我想這點我們三個人都一樣。我們現在應該都覺得很震撼，要是尤尼希皮里體驗到這強烈的震撼，放著不去清理的話，我們就會失去原本的生氣。」

KR直接一屁股坐在土上，把腿盤了起來。千穗也坐了下來。而我也跟著照做，我們三個人圍成一個圓圈坐在一起。大家都沉默不語。

我首先清理了心中發狂般不斷重複的「非常抱歉」。犯了這樣的錯，道歉是理所當然的，但我體驗到的後悔、恐懼與歉意，實在是把整個人都壓得喘不過氣來。在這種狀態下，我沒辦法著手該做的事、什麼都做不了。

「尤尼希皮里，剛才真的很可怕對吧？而且也很丟臉對吧？雖然我不知道這是什麼樣的記憶，但我們還是一起來清理那些造成這件事發生的記憶吧。謝謝你，對不起，請原諒我，我愛你。」

當我不斷重複這麼說之後，突然想起許多事情，那些全都是跟這份情緒有相同性質的體驗。事情發生在我還小的時候，當時與母親有往來的一個外國人企業家，主辦了一個家庭露營活動，而我們前往參加。形形色色住在日本的美國人攜家帶眷，在輕井澤的露營區度過三天的時光。當時我還不習慣這樣的團體活動，加上只有我們家是單親家庭，而且又是東方人的面孔，所以我感覺很不自在。白天時大人跟小孩都聚在草坪上，大家吃吃喝喝、玩球和飛盤。母親則和她的朋友交談，我和弟弟無事可做，就到比較沒有人的地方玩傳接球的遊戲。我們玩得太忘我，結果把球丟到很遠的地方，直接打中一位站在樹下的女性。我心想闖禍了，於是打算立刻跑過去跟她道歉，然而，人都還沒過去，那名女性就直接大罵。聲音之大，連遠方都聽得見，還邊罵邊朝我跑過來，脹紅著臉指責我的不是。當時我還不太會說英文，我很緊張的不斷向她道歉，對她說：「埃姆搜哩，埃姆搜哩。（I'm sorry. I'm sorry.）」年幼的弟弟則在旁邊哭。周圍的大人安撫那名不斷大罵的女性時，我的母親現身了。她護著我們，先是爲我們丟球砸到女性而道歉，之後接著對她說：「但是你也不需要那麼生氣吧？」反而跟對方吵了起來。這件事讓我覺得羞恥，加上大人吵架又令我感到恐懼，因此就有種很難繼續在這地方待下去的感覺。剩下的兩天，我都在非常痛苦的心情下度過，我覺得糟蹋了大家寶貴的時間，而且母親在百忙之中特地帶我們來這裡，我卻讓她留下不好的回憶，實在很糟糕。

還有，小學的時候，放學後我總是跟一個朋友玩在一起。有一天我受邀到她家，她們家十分氣派，家中放著我從未見過的美麗花瓶、擺飾以及繪畫。到了點心時間，朋友的媽媽親手做了蘋果派給我們吃，當時我第一次嚐到那種味道。一開始我因為到了不習慣的環境而有些緊張，不過漸漸玩開之後就放鬆下來。朋友很會玩劍球，因此她們家有很多劍球，我們就一起在桌上玩，但我的劍球沒有套中，就這樣直接撞上桌子，發出了咚的一聲。而這時她母親立刻從廚房跑了過來，高聲對我們說：「這桌子上個星期才剛買的！你們到外面去玩！」朋友們一邊嘆氣一邊走到外面。當時我們住的家裡沒有任何一樣昂貴的家具，所以當我破壞人家家裡的東西時，覺得自己闖下了很大的禍，我還用小腦袋瓜思考到底該怎麼賠償才好。總之，之後她們再也沒有找我去她們家了。

還有一件事，也是發生在國小的時候。外婆的公寓樓下有個公園，有一天我跟弟弟和他同學，以及同學的妹妹一起玩。弟弟的同學帶了滑板過來，讓他妹妹溜。就在我玩其他遊戲的時候，突然傳來哇哇大哭的聲音。原來是同學的妹妹玩滑板時跌倒，臉撞到旁邊的扶手。她的眼睛旁邊割傷了，血微微滲了出來。當時四周都沒有大人，而且他們家也有一點遠，要過一個長長的坡道。妹妹又一直喊痛、哭個不停，於是我們暫且把她帶到外婆家。外婆走遍世界各地，自學了現在所謂的自然療法，在她的影響之下，我母親和其兄弟姊妹當然不用說，而我和弟弟這些孫子輩的，從小就沒有擦過市面販售的藥，感冒若沒嚴重到一定程度，也不會吃感冒藥。外婆家裡放滿了各式各樣的藥草，我們一直都用這些藥物來治療傷口與疾病。外婆不論是外表還是想法都有點奇特，我以前眞心覺得她是一個女巫，我相信外婆一定能讓妹妹的傷口變得不痛，因此把他們帶到外婆家。外婆看了女生的傷口後，摸了摸她的頭說：「你放心，馬上就不痛了。」外婆先用水沖洗傷口，接著再將一種黑黑乾乾的草和白色粉末，加水溶解後混合在一起，在傷口塗上薄薄的一層。女孩的情緒也平靜下來，說「我已經不痛了」，於是我們又回到公園玩到天黑。然而，那天晚上女生的父母突然闖到我們家，對母親大發雷霆說：「你們到底塗了什麼東西？要是女孩子臉上留疤怎麼辦！」母親也是這時才知道有這件事，她問清楚情形後，先向對方父母道歉，接著再說明那是天然的東西，不會對人體有害，如果對方方便的話希望能與他們一同前往醫院。而對方父母過了一會兒也冷靜下來，就回去了，但我又再次感覺自己鑄下大錯，心臟狂跳。後來在學校看到那個女生時，我還確認她臉上有沒有留下疤痕，確定沒有傷疤時，整個人才安心下來。雖然我現在已經長大，能夠明白在這事件當中，沒有任何一個人的反應與行爲是錯的，但我採取的行動讓周遭的人那麼驚訝、生氣；而我引以爲豪的外婆所做的事，對我來說是那麼的理所當然，沒想到對別人來說卻是件誇張的事，這些事化作一種痛苦、難受的感覺，在心裡復甦。

各式各樣的記憶伴隨著眞實的回憶，鮮明的湧現在心頭，心臟像是雲霄飛車一樣晃動。我一邊把這些事全都告訴尤尼希皮里，一邊不斷清理。雖然我不知道剛才發生的是否就是這些所造成，但我突然察覺到，其實自己一直都有點心驚膽戰的環視置身的環境，小心翼翼注意四周，避免引起什麼問題。即使我想到一些對對方有幫助的事物，也會特意讓自己不說出口。因爲我覺得要是對方討厭這些意見的話，反而會惹對方生氣。這樣的情況一直持續到我遇見荷歐波諾波諾爲止，甚至連現在也肯定如此，這已經成爲我身體的一種習慣。另外，因爲在我身上發生過這些事，令我感到非常害怕，所以當自己的東西受到別人破壞，或是遭遇痛苦的事情時，我也會說「沒事、沒事」，過度裝作不在意，假裝什麼事都沒有。我想起心裡的小小痛楚，一一加以清理。

我終於平靜下來，再次環顧四周，眼前的光景跟剛剛看到的一樣，仍然是有些異樣的景色，ATV倒在路邊、樹木折斷了，旁邊坐著KR和千穗，儘管如此，我卻已經冷靜下來。我先感謝沒有任何人受傷，再來，雖然說發生了這樣的狀況，但卻很幸運身邊有其他人在，甚至還有親友會前來幫助我，而且，我也感覺心中有著「一旦發生什麼萬一，就盡最大的能力進行支援，並做我該做的事」的意志。就在這時，心情平靜了下來。

KR彷彿看透了我的內心，在一個恰當的時間點，對我們說：「大家說一說剛剛自己體驗到了什麼。我們一起來清理。」

我對她們說出眞實的心情，以及回想起的回憶。而千穗也告訴我們她剛剛的心情，告訴我們過去她所愛之人去世，以及她從中體驗到的各種感受；自從那個人死後她就一直很迷惘。我們肯定都在這短短的十分鐘內，清理了所有自己在這現場體驗到的事情，但過了這段時間後，就該各自看著當下該看的東西了。

KR說：「我們現在終於有辦法來思考自己。其實，**比起其他人，我們最該關心的人是自己**，但我們卻有太多的記憶，因此注意力就被其他事物吸引過去，於是很難接觸到眞正的自己。不過，無法重視自己生命的人，是沒辦法拯救其他任何東西的，所以首要之務就是回歸自己。

「還有，我剛才也看到此次發生的事故並非偶然，不單單只是因爲某個人的不小心而引起。這地方過去應該發生過好幾次事故，可能有人喪失性命、有東西受到損害、發生過一些爭執，或是有過什麼災害，總之就是反覆出現了許多次意外，讓這塊土地嚇一大跳、形成心理陰影，而現在它讓我們體驗到它曾經有過的體驗。所以，我們現在在這裡拯救自己、回到現在、回歸原本的自己，就顯得很重要，這塊土地也會體驗到我們的清理。土地也擁有記憶，而我們與它產生了共鳴。我們大家都平安無事，而且也都清理了各自心中的淤塞，回歸到原本零的狀態。眞的是太感謝了。」

土地的自我意識

不久後，遠方傳來了引擎聲。KR的孫子們和女婿開著ATV飛奔過來，他們在我眼中簡直就像勇者般閃閃發光。大家一起合力將ATV翻過來，雖然撞到樹的地方凹了進去，但我們檢查車子的狀態，發現車子奇蹟似的並未故障。

我又重新向ATV翻倒的那塊土地與石栗樹道謝並道歉，也向ATV道歉，因爲我爲它帶來了一段痛苦的經歷，而且我也是太不小心了，明明不熟悉如何駕駛，卻在沒有確實清理的情況下直接開走。此外，我也對我的尤尼希皮里道歉，因爲我忘了將自己擺在第一位，當眼前發生問題時，卻不斷的責備自己。接著我也打從心底感謝尤尼希皮里，謝謝他一直以來都體驗著各式各樣的感受，同時也一直跟我一起努力活著。

最後我又再次道歉，這次的道歉是在平靜的狀態下，並且伴隨著感謝的心情。

「我引起了事故、讓你們遭遇危險，眞的很對不起。眞的非常感謝你們救了我。」

這次我終於能夠直視KR、千穗以及所有前來幫助我的人。這時，我感受到大家接受了道歉，並告訴我，我已經獲得了原諒。

接著，大家一起坐著吃KR帶來的三明治。最後，KR載著千穗，孫子馬丁載著我，一起返回家中。

那天是我們在這裡最後一天的晚餐，大家一起熱鬧的準備。馬丁和其他孫子在練習烏克麗麗，安娜尼亞則拚命將她的繪畫作品，拿給專業藝術工作者的千穗看。KR和女兒凱拉邊燙著通心粉，同時還叫我們試吃自己做的肉醬。

一切是這麼的五彩絢爛，大家自由自在的置身此處，就是一個最棒的禮物。我一想到尤尼希皮里爲了讓我能感覺到這些而拚命發揮作用，就覺得眞是愛死他了。

KR邊做著晚餐邊說：「這塊土地有許多東西喔！在我決定買下這塊土地之前，我們曾經一起騎著馬在森林散步，馬在途中突然跑起來，我從馬背上摔了下來，那時眞的很可怕。因爲震撼實在過於強烈，以至於那瞬間我甚至不知道自己身在何方，不過回過神後，我聽到四周傳來了許多聲音。這些聲音來自我身陷的岩石以及周圍的樹木。

「『唉呀，她沒事吧？是不是嚇到她了？她有沒有受傷啊？她是不是討厭我們了？』

「我聽得感動落淚。接著我明白，岩石爲了不讓我撞到頭，於是就像移動了一些，讓我剛好摔在安全的地方，再差一點就撞到頭了。我就是在這時決定買下這塊土地的。愛綾，它們大家都希望我們能夠正確的運作，所以你現在已經不能再把腳朝向石栗樹睡覺了。（譯註：睡覺時腳不能朝向佛壇等以表示尊敬的對象。）」

大家都笑了。

我和千穗拿著啤酒走回我們的小屋。能夠一邊笑著一邊聊在這裡發生的各種事情，是件非常幸福的事。睡前千穗又過來我這邊，用燦爛的笑容對我說。

「我們在眞正的意義上活了下來。愛綾在這裡、我在這裡，讓我覺得很開心。我實在看到很不得了的事。」她說完緊緊將我抱住。

我懷著無比舒暢的心情進入被窩。到現在爲止，曾經有誰像這樣原諒過我嗎？儘管我已經盡所能道歉了，但內心還是充滿恐懼，在收到對方的回應之前，我會先把耳朵摀住、將內心封閉起來。或者視對方對待我的態度，像是什麼都沒發生一樣。雖然對方仍然對我很好，但內心充滿不安的我，卻會一直覺得道歉並未傳達到對方那。一直以來，我都是這樣。

但這些全都是由記憶創造出來的世界，全都是我對自己所做的事。憤怒、不原諒、不在當下了結，我不斷責怪自己和別人，不去肯定各自的存在，就這樣任憑時間流逝，讓心情跟著外界走，隨著周遭事物的變化而時好時壞。但是今天的事故，卻讓我得以清理這些事。今天我原諒了自己。我在這起事件當中體驗到的，就是荷歐波諾波諾的懺悔與原諒。我不知道過去曾經發生過什麼，不過我把現在體驗到的，當作是自己的問題來清理。這麼一來，就能夠超越歷史、超越我所知道的，並且彼此原諒、回到眞正的自己。

我終於能在現場實際體驗到這個情況。但這件事並非在夏威夷的土地上才會發生，也不單純只是因爲經過KR的清理所致，也不是只要大家一起坐在地上就辦得到的。其實這是在東京、台灣、在飛機上，在任何我清理時所處的地方都會發生的事情。

在這間充滿黴味的房間，我感覺自己回到了現在。我既不是小時候的我，也並非身處於讓我覺得大人很恐怖的我。「現在」回到了我身上。

千穗、KR、KR的家人、我在夏威夷遇到的那些人，修藍博士、莫兒娜、我在日本的家人、即將與我結婚的男朋友與他家人、我的朋友、日本、台灣、我日後將會遇到的人與土地，這一切我全都打從心底深深愛著。之後肯定有一天我又會沒辦法這麼想，但希望當這一天到來時，仍然能夠再次清理。因爲我已經知道要如何清理記憶，也知道要如何找回愛了。

這座牧場到處都是石栗樹，我的腳現在應該是朝向石栗樹。倘若眞是如此的話，實在是對不起。謝謝你救了我，我愛你。

清理土地的記憶

我在鬧鐘響前就起床了。明明只待在這座牧場兩天，卻已經感覺得出外面的草搖動的聲音。因爲早中晚的風向有所不同，我不禁對這樣的自己感到驚訝。清理是件十分快樂的事情，越是跟潛意識的尤尼希皮里在一起，越能發現生活中每件事物所具有的光芒，這比穿著時髦的衣服、去些熱門旅遊景點，都更能讓自己富足。

再過兩個小時，我們就要離開這裡，搭飛機回歐胡島了。儘管在這幾天當中，我的身心體驗到各式各樣的事，但卻有種清爽的感覺，好像被洗滌了一樣。我已經開始想念起被風吹的嘎嘎作響的老舊窗戶、生活在牧場的他們、那些馬，牛以及狗、太陽下山前和千穗一起坐在室外喝的咖啡等種種。我一邊看著早已徹底熟悉的老舊天花板，一邊在心裡念著「我的平靜」。「我的平靜」

又稱爲結束祈禱文，這是在結束、別離時念的荷歐波諾波諾祈禱文，跟「我就是我」一樣，都是莫兒娜透過靜心得到的祈禱文。

修藍博士曾經對我說：「只要你沒有去清理記憶，就算已經離開了一塊土地，你跟土地之間的關係仍然會無意識的持續下去。你的尤尼希皮里會像這樣，受到各種不同存在與重播的記憶束縛，於是他會感到非常疲憊。倘若你沒有做一個結束，接下來的流動就不會運送到你身邊。念這段祈禱文是爲了讓我們能夠接觸自由。」

「我」的平靜

平靜與你同在，所有我的平靜，
平靜就是「我」，平靜就是「我」當下所在，
平靜常在，從現在到未來乃至永恆。
我的平靜「我」給予你，我的平靜「我」託付你，
不是外在世界的平靜，只是我的平靜，

「我」的平靜。

我的平靜

爲了能夠保有自己，也爲了這塊土地以及往後將接觸到的所有土地，我念了這段祈禱文，並盡可能清理了包含回憶在內的一切事物，和這塊土地告別。藉著讓事情結束，而使自由運送到我這裡，這點對於現在的我來說，有著好幾萬倍的魅力。

我們整理好行李後，前往主屋。KR的孫子們正在放暑假，平時總是起得很晚，但當我們抵達主屋時，他們已經在等我們了。大家笑著互道再見，還聊了一下這趟旅程中的回憶。

昨天晚上我寄信給博士，跟他報告昨天發生的事，告訴他我在行車時出了意外，以及感謝KR和其他所有人的清理。

我一打開收件匣，就看到博士的回信。

致愛綾

我想跟你講講我昨晚發生的事。

半夜我突然醒來，本來想再繼續睡，卻遲遲無法入眠。於是我試著仔細周到的思考，現在出現在人生中的種種事物。結果，我感覺內心突然亂成一團、變得很熱，簡直就像火山爆發一樣，我體驗到超乎單一事物所能帶給我的混亂。這時我做了一個實驗，我把注意力朝向內心，看看這分混沌到底具有什麼樣的形態。

尤尼希皮里立刻進入記憶的儲藏庫，接著我馬上看到一個巨大的風暴，各種顏色、形狀與話語都捲入其中，從遠方看來是濃濁的灰色。現場的聲音太過劇烈，激烈到已經接近無聲。這風暴彷彿累積了一切能量的巨大山，失去了控制，而且還像磁鐵一樣，不斷將意念吸收過去，變得越來越大。

這時我聽見尤尼希皮里的聲音。「這是意念的集結物，是你現在可以清理的東西。」

我按照聲音所說的去做，不停念著那四句話。我在心裡閉上眼睛，仔細重複念著那四句。過了一會兒，我再次張開眼睛，風暴已經消失了。我想找卻找不到，徹徹底底消失了。但我還是再繼續找，結果發現了一個不可思議的東西。我看到一個很像剛剛具有山形狀的激烈風暴空殼，看起來就像無。這個東西極其巨大，但卻是完完全全的空，成為嶄新的東西。我非常訝異，也看到那裡有細微的光線照了進去、發著光、水水潤潤的。我能夠清楚看出這就是「我就是我」「我來自空無顯現光明」的狀態。而真正的我在這片空無之中，無止境的變化形態，同時一邊創造、消逝、流動並發光。而且，當我處於空的狀態時，第一次看到了你、我、日本、夏威夷、房子、錢、車子、竹子、扶桑花與浪花等一切事物，都以完美的形態存在著。一切的源頭都是Mana。

我從這種靜心的狀態中清醒過來，當我感覺到現實中的房間，並體驗到身體的狀態時，我徹底忘記我的衰老，感受到一股無法言喻的幸福。

我希望你能將你的誕生用愛來理解，我也希望整個宇宙都可以體驗到愛。為此我會持續不斷清理自己。因為平靜從我開始。

我的平靜　伊賀列阿卡拉

活出真正的自己

KR的女兒凱拉載我們到機場。從車窗看到的景色，有種不可思議的感覺，不像是存在於外在的事物，而像是心裡的一些運作。

莫兒娜常說：「**你發出去的所有話語、想法與行為，全都會回到自己身上**。沒有任何事物不屬於自己。憤怒與恐懼都是爲了追求愛與自由而發出的吶喊。因此，不論你看到什麼、有什麼樣的感覺，有義務去清理的只有自己。而清理後的歸零狀態，看到的那些美與豐裕，都屬於自己。無論你身在何處，無論你跟誰在一起，都是如此。」

我們一下子就到了機場，KR也暫時要跟女兒道別了。只要待在KR身邊就能清楚明白，她打從心裡愛著女兒及孫子們。不過，KR一直都在清理。她會盡可能的清理心中的想念、懷念、依依不捨等一切情感，之後再與我們接觸，這一點我非常清楚。這是爲了讓我們能夠著眼於原本的工作，也是爲了盡可能的活出生命。KR活在一個自由即爲愛的世界。

辦完行李托運手續後，KR、千穗和我三個人，一起走向登機處，在確認機票的時候，只有我被查驗人員攔了下來。看來我的機票和護照的名字拼法，有些許差異。我從容不迫的跟對方說：「喔，對不起。護照上的名字才是對的。」我原本以爲這樣就能通過，然而，查驗人員是位嚴謹的男性，他瞪著我。我心裡莫名燃起一股怒火，覺得對方怎麼能因爲這點小事就把我攔下來。

KR和千穗在前面一臉擔心的看著我。查驗人員說有其他負責人員會過來，要我在旁等候，他找了體格壯碩的保安人員來看住我，接著就走掉了。事情爲什麼會演變成這樣呢？

千穗和KR說過她們下午還有重要的事要處理，於是KR大聲對我叫道。

「愛綾，對不起！這裡的國內線很嚴格，都會準時起飛。我在歐胡島有一個契約在等我去簽，非回去不可，所以我先到飛機上等你！有什麼事再打給我！看來你的尤尼希皮里還想繼續在這裡清理。」

我不知道她最後一句話是開玩笑還是認眞的，而她們眞的就這樣上了飛機。我心想「怎麼這樣！」同時也爲那頑固的查驗人員感到火大，但我想起這星期以來，我是來夏威夷做什麼的。我是來見那些曾經待在莫兒娜身邊的人，他們一直使用荷歐波諾波諾來活出自己的人生，我一邊聆聽這些人的智慧，也一邊拚命清理了自己，不是嗎？現在正是個好機會！莫兒娜這時肯定正在某處呢喃：

「沒有任何一個東西存在於你之外，憤怒與恐懼都是追求愛與自由而發出的吶喊。就連現在這一刻，也是特別爲你準備、能夠幫助你活出自己的好機會。」

要清理？還是不要清理？我一直都能自由選擇。看我要清理感覺正在威嚇我的男性，並遇見前所未見的自己呢？抑或是沉溺於憤怒的情緒當中？

我選擇清理。因爲，我已經知道要如何繼續這趟活出眞正的自己之旅了。

另一位查驗人員從遠方走了過來。我看到遠處有著寬廣的藍天，以及在這趟旅程中不斷看到的熔岩，熔岩正閃耀著黑色的光芒。

我的內心已經逐漸爽朗起來，並開始找回平靜。

我要和眞正的自己一起生活下去。

我的荷歐波諾波諾之旅還會一直持續下去。

第八章

KR與吉本芭娜娜的荷歐波諾波諾對談

愛綾　這次的對談距離上次在《零極限的美好生活：世上清理最久的人教你時刻體驗四句話的神奇》，已經有四年了。我跟兩位一直以來也在夏威夷和日本見過好幾次面。這次能夠再見到兩位，我也非常高興。

KR女士和芭娜娜女士都曾經改變了我對女性的觀念。我原本一直對女性之間的人際關係抱有偏見，認爲女性總是依賴他人或被他人依賴，而我也一直有這樣的體驗。

但是打從遇到兩位以後，一開始體驗到的是一種被你們硬生生推開的感覺，有時候甚至還會覺得「我好孤單、你們眞是冷淡」。不過，當我們見了幾次面後，我開始發現你們並不是將我推開，而是在尊重我、把我當作一個獨立的自我意識來看待。只是我還不習慣這種感覺，所以一開始會有點落寞。現在我由衷的感謝你們，而且也好喜歡你們。我希望能將這種感覺也擴展到我跟家人、情人和朋友的關係當中。

這次的訪談要請我打從心底尊敬的兩位，談談透過清理而讓自己成為一個獨立的個體，究竟是怎麼一回事。

芭娜娜 在這之前我想先說一下。平良貝蒂小姐（愛綾的母親）的口譯眞的很棒，總是讓我嘆為觀止。選字選得眞好！好像詩一樣！

KR 因為貝蒂和我以前曾經是雙胞胎，所以我們默契絕佳！

芭娜娜 這對是雙胞胎，那對是母女。原來如此，我懂了。

KR 那我們回到主題上。因為現在要講的是荷歐波諾波諾回歸自性法，所以說，愛綾之所以會有這個體驗，並不是因為我做了什麼的緣故，而是因為你自己清理了，所以才會出現這種體驗。這眞的很棒。

愛綾 只要和你們兩個人在一起，我就會想到清理，所以常常能產生自信。

KR 這是屬於你自己的美好體驗，我能做的也只有盡所能去清理而已。

芭娜娜 在現在這個當下清理這個房間（講談社接待室）。

愛綾 芭娜娜可不可以跟我們分享一下，最近你透過清理而發生了怎樣的事情？

芭娜娜　我看過這本書的採訪原稿了，我覺得這是一本很棒的書。因爲，**當我們長期持續實踐荷歐波諾波諾後，心裡一定會至少出現過一次這樣的疑問——「我是不是陷入了一種非人類的狀態？」「我是不是喪失了人類的情感？」**而這本書就回答了這個問題。我想只要是一直持續清理的人，一定都有過一次這種想法，而當我在這本書觸碰到莫兒娜女士的爲人後，就找到了問題的答案。

　　我的工作是寫小說，所以有時候會進入一種偵探的狀態。簡單來說，我會化身爲另一種樣貌，進入人的心裡取材，接著再回歸到原本的自己。這個行爲有很高的風險，是很危險的。視情況，有時也需要用到演員般的演技，而且有時候對心靈也有很大的負

擔。當然，我一直都覺得能夠知道清理的方法實在太好了。

這本書裡講到莫兒娜的前世，她半夜會在威基基海灘遣返那些聚集而來的亡靈，而她因為遣返失敗而死去，當我看到這裡時，明白自己一直以來所背負的風險，同時也切身了解所謂清理到底是怎麼一回事。

愛綾 我一直以來也常常看到人們用親情的力量彼此支持，而我自己一路走來也多虧了親情的力量。家人間的情誼，的確會帶給我們安心以及好的影響，但是，人們往往也容易受到這分情感的牽制，迷失自己原本該做的。我知道荷歐波諾波諾對這種情況很有幫助，只要活在這世上，就一定會處在許多變化當中，會不斷接觸形形色色的人事物，因此我會讓自己在不帶感情的狀態下與對方接觸，結果往往演變為互相傷害的局面。不過這種情況，大多都是發生在沒有清理的時候。現在我也還是一邊實踐著荷歐波諾波諾，一邊學習掌握其中的平衡。

我從KR那裡學到了很多。老實說，在講座等各種不同的場合，有很多情景乍看之下都會讓我覺得「好冷淡喔。這麼乾脆就結束了啊？」但是，如果再把時間拉遠一點，當我之後再遇到當時的那個人時，就會發現對方變得很有精神，有精神到我認不得。這就像KR和芭娜娜給我的感覺一樣，你們肯定是信賴對方擁有的實力，所以，即使當下會令人覺得落寞，但卻有可能會讓人因此產生一股力量，從內心深處滾滾湧出來，並因此恢復生氣。

KR　這個形容方式滿有趣的。我總是一直強調，我的責任只有清理內在體驗到的事物而已。剛剛芭娜娜提到她在工作時，有時候會變得像偵探，而我自己在進行個人諮詢和身體工作時也一樣。要是在沒有清理的狀態下，就闖入對方的領域，任由情感被對方牽著走，也是件非常危險的事。**忽視內在的情感，跟接納內在出現的情感並清理，是完全不同的兩回事**。清理而保有眞正的自己，對我來說是首要之務。我年輕時曾經在海灘做過救生員的工作。當眼前有人溺水，對方不斷沉到海裡時，要是我也跟過去的話，最後兩人都會死掉。同樣的，這時也一樣要找回自己，把自己的工作放在中心，做當下該做的，把溺水的人

拉上來。

我在諮詢時接觸到許多人，當我出現「這也實在太可憐了吧」「我一定要想辦法幫助他」的體驗時，對我來說就是一個清理的訊號。

愛綾　我總覺得我是情感豐富、很容易哭的那種人，但我相對的也有很無情的一面。有時候我會輕易結束彼此的關係，覺得「我都已經做到這個地步了，如果對方還是無法互相理解的話，那就不用再說了」。雖然我以前都以爲已經自行結束某段關係，可是剛剛的話讓我發覺，其實當我對對方還存在著各種想法、同情、怒氣、恨意的時候，關係就仍然持續著。所以，要是感覺到自己對對方有什麼想法的話，就要清理。

剛剛我形容KR乍看之下很冷淡、乾脆，有一次就發生過這樣一件事。在一次的演講上，一位上了年紀的女士想見KR，她有點興奮的朝KR跑去。女士終於見

到ＫＲ，非常高興，但這時ＫＲ並沒有配合她的情緒，反而對她說：「你想喝水對不對？」我怎麼看都看不出那位女士想喝水。但她聽了這句話後，就乖乖的喝了會場提供的水，這景象讓我很感動。ＫＲ總是在看一個人「生命部分」想要的東西，而不是看表面。而我只看到了「這個人終於能跟ＫＲ見面，應該很高興」。

KR 哇！有這回事嗎？對不起，我已經忘記有這件事了，不過莫兒娜曾經對我說：**「你不知道你面前正在笑的這個人，他潛意識的部分現在正體驗著什麼。**就因爲這樣，所以才要先清理自己。因爲尤尼希皮里跟尤尼希皮里之間是沒有祕密的，所以當你這麼做了以後，就會聽到對方眞正想講的事情了。」你就能找回和對方之間的完美節奏。

愛綾 之前有一次我有幸和芭娜娜一起在下北澤用餐，那時我就體驗到這種感覺。芭娜娜畢竟是名人，當時我聽到旁邊的客人在說「咦，那是不是吉本芭娜娜」之類的話。

芭娜娜 不是啦，我不是名人，應該只是因爲我都在附近用餐，所以附近的人幾乎都認識我而已。

愛綾　不過當時周圍的人七嘴八舌，還有人過來直接問：「你是吉本芭娜娜嗎？」我覺得那時芭娜娜的反應，跟KR剛剛說的是相通的。其實你們也知道對方是希望能從你們這邊得到回應，但你們卻不會勉強自己跟對方裝熟，而是用發自內心的話來回應對方，讓整個現場都在那一瞬間安靜了下來。第一次見面的兩個人能夠這麼眞誠的互動，並不像在交涉，沒有誰輸誰贏的區別。雖然那些發生在兩位身上的事，不會發生在我身上，但我希望與家人和朋友相處的時候，也能夠用這種態度去對待他們。**當對方希望能從我這邊得到一些回應時，如果我能先找回自己，將對方視為完美的人、去尊重對方的話，事情就會開始出現一些改變**。我想若不是每天要求自己持續清理的話，是沒辦法在那瞬間的應對上，表現得那麼舒服自在的。關於這一點，我想請你們告訴我其中的祕訣。

KR　清理！

芭娜娜　眞不愧是KR。不過，我覺得如果要讓讀者能夠明白，應該還是要講得具體一點才行。那就由我來說明一下，不過可能會有點長。

愛綾　那就麻煩芭娜娜來爲我們說明。

何謂互相清理

芭娜娜　我和貓狗一起生活，其實牠們也是會說謊的，像是「我都沒吃東西」「我還沒散步」等，但牠們不會假裝。簡單來說，牠們不會因爲希望我多去理牠們，就裝可愛，或是希望我喜歡牠們，就一直稱讚我。牠們不會說「你今天的髮型很好看」，牠們光是待在我身邊，我就能清楚感受到我們之間存在著某種可貴的連結。我有時候會想，其實人跟人之間不也該如此嗎？但這眞的很困難，只要不去清理內在，就很難辦到。因爲人類這種生物，基本上都會欺騙自己，也會欺騙別人。我不知道這種情況是從哪個階段開始出現的，但我想這已經深入了人類的本性。

舉一個我自己的例子，基本上我認爲我看不到鬼，當別人問我這個問題時，我也都會回答「我看不到鬼」。不過前陣子去箱根的時候，住了一間非常老舊的旅館。那裡的大廳很暗，還有一個暖爐。半夜經過那裡時，突然感覺好像有很多人在那，那時我當然清理了。於是，我的眼前陸續出現很多戴著安全帽的人。我心想「喔，因爲這裡是箱根嘛」。當時我並不覺得可怕，只是明白：「喔，原來這個人是因爲這樣而去世，但大廳平時很熱鬧，太熱鬧的話他們很難待下去，所以才會剛好在這種暗暗的時候出現。」這時我並不會特別去想「他們徘徊在這種地方眞是可憐」，而那些人也沒有對我說「喂、喂，聽我說！」「救救我！」我們雙方就只是純粹打了照面而已。原來與不斷清理的人相處，會是這種感覺。而這時我便想，要是活著的人也可以這樣該有多好。但這種事還是很難達成，爲什麼人類就沒辦法像動物和鬼一樣呢？我想，要是把這件事告訴那些對荷歐波諾波諾沒興趣的人，對方一定會回我「反正我也不想跟鬼和動物一起生活，所以跟我一點關係也沒有」。的確是這樣沒錯，不過，要是人跟人之間，彼此也都能清理自己、表現出眞正的自己，那麼，就能達到這種狀態了，而這也是我自己的期盼。

KR 芭娜娜講得很具體，讓人非常容易理解。我在任何情況下，都會讓自己在保有眞正自己的狀態下去跟人、物與土地接觸，這對我來說是件必要且不可或缺的事。而在處理不動產時，當我接觸到一些很難溝通的承租商，也會忍不住想「這種充滿摩擦的感覺，怎麼可能存在我之內，一定是對方的問題！」但是，要是將這種想法置之不理，就會化爲一種痛楚，不斷在內心擴散開來。所以，還是只有不斷清理才行。

愛綾　在我待在KR牧場的那段時間，有一天早上我看到這樣的情景。有一群超級壯碩、渾身肌肉的男性，從附近的牧場，應該說，從那片廣大土地鄰接的牧場，來到KR的家。雖然我聽不到他們的談話內容，但似乎是來討論牧場的事。這時候，房子裡除了KR的孫子以外，其他人全部都是女生，我心裡忐忑不安，因爲對方的體型實在太大。我很清楚KR在前去與他們談話的時候，一直都在清理。KR並沒有因爲自己是女性，就用溫柔婉約的步伐走路，也沒有故意裝出一副雄赳赳的樣子，我想KR當時肯定只是單純的清理，跟平時給人的

感覺一模一樣。結果就在下一刻，那三名男性先前的壓迫感全都消失了，感覺每個人都是完全對等的人類，在那之後便持續和睦的交談。當然這也有可能是因爲我自己也清理了，所以看起來才出現變化，不過當時眞的覺得好厲害。

KR　這很有意思吧。我長年也一直在清理性別，等我意識到的時候，發現只要沒去清理，會自然受到外物影響，變得不像自己、像變了一個人一樣，同時也會看不清楚對方。

愛綾　我想每天都會有很多人來找KR和芭娜娜。這些人的職業、年齡、背景、甚至連國籍可能都各不相同，在跟這些人接觸的時候，應該多少都會遇到一些跟自己合不來的人，或是難相處的人。這種時候，兩位是如何清理、如何將自己維持在最佳狀態的呢？

我真正的家

KR　以我自己的情況來說，我在做個人諮詢時，會遇到有些人擁有一些我不太會有的想法，或是採取一些我絕對不會採取的生活方式。在這種情況下，我會想「不管這個人表面上看起來是怎樣，反正我只要清理」，並且再次想起「這個人是來帶給我清理機會的」，這麼一來，就能輕易回到平時的自己。我想這一點跟剛剛芭娜娜說的鬼魂是一樣的道理。「啊，你在這裡啊，現在的情況在我眼裡看起來是這樣，那我現在就盡可能的清理」，就是抱著這樣的心態。

莫兒娜有一次對我說：「你之所以會覺得荷歐波諾波諾對你的人生來說是必要的，覺得你的生活方式因爲荷歐波諾波諾的關係而漸漸改變，並且開始每天實踐，是因爲有某些人在某處給了你一些東西，於是讓你有這樣的想法。雖然這些人不會一直用言語告訴你，但他們都是你要獲得這些體驗不可或缺的人。就像每次我跟你在一起的時候，也都會清理一樣。你一定也能對遇到的人做一樣的事，而且你也會想要這麼做。**這就像是傳遞接力棒，只要你在面對人生中的人、事、物，能夠去清理體驗，就能讓這場荷歐波諾波諾的接力賽永遠持續下去。因為大家其實都只是想回到自己真正的家。**」

當時莫兒娜邊說邊做出傳遞接力棒的動作，那個模樣我到現在還是記得很清楚。

愛綾　荷歐波諾波諾讓我明白，雖然我們表面上對彼此說「給我那個」「給我這個」「我想要這麼做」「我想要那麼做」，但其實我們本質都只是想回到自己的家而已。我常常會迷失這一點，所以只要待在從不迷失的ＫＲ身邊，就會感覺她很重視我的自尊。

ＫＲ　我要是沒有清理的話，也會經常迷失自己。

愛綾　芭娜娜在簽名會和演講之類的活動上，也會遇到各式各樣的人，在這種時候，有沒有什麼特別注意的地方？

芭娜娜　對我來說，跟鬼相處還比較輕鬆。跟人相處的話，我有時也會像剛剛愛綾講的那樣，一不小心就迷失了本質。當我眼前出現一些時運不濟、很可憐的人，或是一些過於富有魅力、很引人注目的存在時，也就是說，當我遇到一些跟當下環境並不相稱的人時，內心終究還是會受到影響。但是我從某個時候開始深信，我們活著的目的只有ＫＲ提到的「回家」，以及成爲自己而已。從那時開始，我便一直實踐荷歐波諾波諾，也感覺自己出現了一些變化。

我想要是以前，當我住在那間舊旅館，遇到那些存在的時候，內心一定會十分動搖，可能會感到非常害怕，或是拚命逞強，也可能會想「是不是應該要聽他們說話才好？」這世上大部分的人，認爲人生本來就會不斷發生這裡所說的這種動搖。我覺得就是因爲大家這樣想，所以人際關係才會出現問題。不過，若想讓自己與其他人察覺到這一點，還是唯有在各種狀況下，不斷努力找回自己才行。**我們能為別人做的，原本就只有盡可能每分每秒呈現出真正的自己而已。**

KR 太棒了。呈現出眞正的自己，就是一件充滿力量的事。

芭娜娜 是的。愛綾在這本書寫了一些她自己的體驗，而我也有過相同的體驗。我認識一位超能力者，他會折彎湯匙，這個人非常有名，不過之後發生了一起事件，讓他變得不再有名。他其實是個非常好的人，但後來卻做了件不好的事，結果反而因爲這樣而又再次變有名。我們很少見面，大概十年才見一次，有次剛好有機會到他家玩，我和他、他的朋友以及他太太聊得十分開心。當我們要道別時，我在他家門口，用快樂的心對他們說「感謝你們的招待！」而這時我與他眼神交會，相互擁抱。結果不知道爲什麼，我們雙方都流下好多淚。當我在搭電梯時，心想「奇怪，爲什麼我會流眼淚呢？」這時我想，原來清理就是這麼一回事。也就是說，在那個狀況發生的前後，我不抱著任何情感。其實他在那之後又發生了更嚴重的事情，但我因爲有了那次體驗，所以在下次事件發生時，我不會再對他做出任何判斷。不知道爲什麼，我覺得當時體驗非常棒，於是心裡變得很舒暢，心想「啊～其實只要這樣就好了」。我不用一直說「你做出這種事，所以你這個人不好」「但你是眞的有超能力」「祝你們夫妻愉快」，我不需要對自己這樣說，也不需要對對方那樣說。**我發覺在清理的過程中，會在對的時候發生對的事情；而淤塞或腫瘤般的事物，總有一天會消失。**

清理祖先很重要

愛綾　在芭娜娜所寫的《僅僅是消除那些小小的壞心眼》這本書當中，提到芭娜娜的父親去世的那一段，我看了深深感動。讓我感動的地方是芭娜娜和父親交織出的深刻父女關係，以及藉由臨終前的互動，讓父親與祖母之間的關係，能夠重組、重新粉刷，並寫上新的文字。書中還寫到，這對於日後還將一直延續下去的芭娜娜一族來說，也會是一件很重要的事情。

荷歐波諾波諾認爲清理祖先很重要，同時也認爲清理現在的各種事物，也會對自己未來的子孫產生很大的影響。我想芭娜娜跟父親之間的體驗，就是一個很具體的例子。

芭娜娜 我的父親沒有什麼欲望，卻又勤於工作，所以收入足以應付所需，順利安享天年。但我的內在卻有企業家的部分在，曾經有段時間對這點感到很自卑。但是在我去查家族史的時候，知道曾祖父曾經是個企業家，當我在真正的意義上了解到這一點時，就明白內在的部分並不是什麼不好的事。但是，當我單獨看父親和我之間的情況時，我還是很難把這件事看作是好事。其實我想說的是，只要一想到「光是我們祖孫這三代，就有這麼多事情，所以我到底在無意識中背負了多少事啊」，便會深深感受到，**要改變歷史只有從現在開始、能夠清理記憶的就只有現在了**。如果不從現在開始做起，就會再傳送到之後的人那裡。人類就是一直不斷重複這樣的事情。我和父親之間發生的事，讓我深深體會到這一點。

愛綾 我的家族規模算是比較小，追溯家族史也找不到什麼明確的資料，或者應該說我們沒有祖先。

芭娜娜 不不不，祖先確實是存在的！只是你們不知道而已。

愛綾　哈哈哈，對啊，只是我們不知道而已，所有人類都有祖先。但是，從前每當我聽到別人說起祖先的時候，心裡都沒有什麼概念，隱約覺得這種事跟自己沒有關係。但是荷歐波諾波諾認爲清理祖先很重要，再說，就像芭娜娜說的，光是曾祖父那一代就有那麼多清理的機會了，代表記憶的數量超乎我們想像。因此，我感覺自己好像可以預見，只要不斷努力清理現在體驗到的、我與父母之間的事情，以及「我不太了解我們的祖先，感覺有點寂寞」的心情，就能爲過去和未來帶來變化。

芭娜娜　我跟父親之間的事很好理解，不過還有我母親。我母親也跟父親在同一年去世，有一天我在臥病在床的母親身旁，她的狀況非常糟，這時我做了所有能做的，像是擦汗、調節空調溫度、準備開水等。這時我不知道爲什麼突然明白，母親將不久於人世。於是我清理了這個想法，就在這時，母親突然對我說：「你快想想辦法！」她一直重複說：「你快想想辦法！」這時我打從心裡覺得「這表示我已經再也想不到任何辦法了」，而我也只能接受束手無策的事實。假如當時我的內心逃往一個不同的方向，或是對自己隱瞞了事實，我想在母親去世的時候，會感到非常後悔。不過當時的我並沒有逃避，我想這就是清理的結果。雖然我不知道當時所說的「謝謝你」是否也是發自內心，但總之，當下我在心裡不斷重複「謝謝你」這句清理的話，並離開了那個地方。我的母親在那之後又活了三個月左右，但對我來說，那時跟母親相處的那段時光，對我們兩人來說就是最後的時刻。而在那最後，我能夠用「謝謝你」來清理，直到現在依然給我大大的鼓舞。

KR　這真是太棒了。**不去隱藏自己當下的反應與感受，能夠坦率面對，就是荷歐波諾波諾帶給我們名為自由的禮物**。這樣便能讓一切存在，都回歸到原本的節奏，就算是親子也一樣。

我在父母眼中是女兒，在兄弟姊妹眼中是老么，在小孩眼中是個母親，在孫子眼中是奶奶。這件事總是讓我感到吃驚，我這個存在竟然可以扮演著這麼多的角色。在清理這份體驗的時候，也能清理到我的祖先。而關於家人，我也一直都很注重清理彼此之間的關係。當我的小孩兩歲

的時候，他跟我的相處方式，跟他現在成年當上父母時跟我相處的方式，有了明顯的變化。因此，只要我不斷在每個時期進行清理，大家就能自由運作。而包含祖先和未來的子孫在內的龐大族譜所累積的記憶，也會因而獲得解放。

愛綾　最近我突然常常覺得，父母的年紀眞的大了，每當這時候，都會覺得很難過，也會感到恐懼，很怕他們有一天會離開我。我的內心仍然無法平靜下來，不知道自己是否能像芭娜娜那樣，在體驗到父母臨終的那一刻，還能那麼忠於自己。但是，我想不光只是家人，只要是所愛的人突然死去，一定會湧現各種心情，覺得「眞希望他能怎麼樣」「或許就是因爲有這種事情，所以他才不會幸福」，甚至連清理也辦不到。不過，像芭娜娜說的，她即使當下無法由衷想著「謝謝你」，也還是有辦法清理，我覺得這實在很厲害，我也打從心裡希望自己可以達到這個境界。

KR 講得太好了！而且，你現在馬上就能做這樣的清理。你已經察覺到這些事，所以現在就有辦法清理這些「很恐怖」「依依不捨」「光用想的就快哭出來了」的體驗，這樣眞的很棒。

愛綾 是的。聽了兩位的話以後，我發覺未來已經從現在開始。或許現在我在清理自己的時候，就已經在改變以後的家人和子孫的未來了。

KR 沒錯，就是這樣！首先要從自己開始。親子關係也是一樣，父母生小孩並不是爲了要掌控他。就算我認爲做某件事是爲孩子好，但追究其中眞正的原因，究竟是眞的希望小孩健康快樂？還是其實是來自祖先那代傳下來的恐懼或仇恨的記憶？事實上我並不清楚。所以，無論何時，無論你是學生或是誰的小孩，即便做了父母，只要清理現在的想法，就能回歸到眞正的自己。荷歐波諾波諾將這形容爲回到神性智慧的節奏當中，而只要我能回歸到眞正的自己，我和小孩之間的記憶就會歸零，同時孩子也能回歸到眞正的自己。也就是說，我身爲母親，職責就是清理自己，讓孩子回到神性智慧之中。

即便不做任何事也可以很開心

愛綾　當我聽到「讓我的小孩回到神性智慧那裡」這句話時，我感覺有點落寞，好像必須道別一樣。但是聽了剛剛的一席話後，我對這句話的印象轉變成一種更加自由、開放、各種可能性都能成眞的感覺。對我來說，芭娜娜和她的兒子實在是對自由自在的母子，跟他們相處起來很開心。我還沒有當過媽媽，而且我想自己也有非常多記憶，但我覺得這領域對我來說太陌生，因此從小就不太會跟別的親子相處。雖然我非常喜歡小孩，但是當小孩的父母也在的時候，我會覺得有很多事情是不能做的，要是不知不覺做了的話就糟了。具體來說，像是我想抱抱小孩，可是小孩的媽媽可能並不願意之類，我會像這樣對很多事過度在意。不過芭娜娜母子卻不會給我這種感覺。可能是因爲我見到芭娜娜的時候，便會自然想起清理，所以不太會出現這種對親子的判斷，關於這一點，芭娜娜有什麼想法嗎？

芭娜娜　這本書裡有一段提到，轉化是成對出現的，對吧？我覺得就跟這有關。只要有開心的事情，也一定會存在著相反的部分。開心的部分越大，代表相反的部分也越大。反過來說也一樣，假設有一對親子因爲一件事對小孩不好，因此這個也不做、那個也不做，他們的範圍就會變得很小，成對的部分也不會變大。所以愛綾也是從這種讓你感到緊張的親子那邊，感受到狹窄的感覺吧？愛綾的內在應該是希望這範圍能再更大、更加擴展開來。我想你應該是透過這樣的體驗而感覺到，即使不好的部分變大也沒關係，總之就是想看看新的，想要擺脫記憶的束縛。也就是說，你希望充分了解各種存在，以及所有能感覺到的事物。

愛綾　或許是這樣。

KR　說的眞好！

芭娜娜　還有，不知道爲什麼，我一直覺得尤其是年紀比我小的年輕一代，對開心的事物有種強烈中毒的情況。雖然說，我能做的也只有不斷清理內在，不過，**我察覺現今社會普遍存在這樣的現象，大家覺得若不是非常開心就稱不上是開心、覺得發出越大的聲音喧鬧表示越好**。我最近開始希望能用各種方式告訴大家，即便不做任何事也可以很開心，開心是種深刻細膩的感覺。

愛綾　我自己在運用荷歐波諾波諾後感受到的變化，特別是在跟母親的關係上，看到了很大的變化。媽媽接觸了荷歐波諾波諾後，漸漸變得越來越自由，而在這過程當中，我也慢慢找回了原本的自己；就算和母親在一起，我也能展現出自己眞正的樣子。另一方面，就像芭娜娜提到的，現代年輕人的內心只會對那些淺顯易懂的快樂有反應，我想我內心肯定也有這部分。之所以會這麼說，是因爲以前和母親在一起的時候，我們不像連續劇常見那種朋友般的母女，所以其實在心裡的角落，一直都認定我們的感情不太好。

芭娜娜　喔，是像這樣吧？「愛綾你回來啦！你要吃什麼？你怎麼啦？」簡直貝蒂變成另一個人！

愛綾　對，我之前就用「是否每天開朗對我說這些話」來判斷我們的感情是好還是不好。在我實際感受到和母親在一起的感覺之前，就先去和其他人比較，然後認定我們家跟其他人不一樣、不是歡樂型的。多虧了清理，這種想法因而得以解除，現在就算我們兩人躺在沙發上，吃著自己喜歡的零食，不發一語的窩在那裡，頂多只講個兩三句話，也會覺得很快樂，心裡感到非常滿足。但是下一秒又會開始吵架……

一切都是潛意識的運作

芭娜娜　在我開始實踐荷歐波諾波諾以後，實際感受到不好的事情確實變多了，但開心的事也變得更加豐富。感覺整體的範圍變得更大。不過若想要擴展，就必須將自己置於中心，而且還必須消除自我才行，所以我覺得人生好像就是在不斷實踐著這些。

很多人實行荷歐波諾波諾是為了讓好事發生，但我卻不這麼想，我一直覺得清理就是不斷讓自己回到中心。只要處於中心，人生就會自然變得越來越廣闊。

KR　莫兒娜常說，**我們不知道一個正在大笑的人，他的內在實際上正發生著什麼樣的事情**。就像剛剛芭娜娜說的，**無論何時都將自己置於中心、不斷讓自己歸零，就是一切事物的開始**，而我們得回到這樣的狀態當中。

只要清理現在發生的事，就能夠回到中心。像現在，我就一直在清理日文和英文。

愛綾　我有訂閱芭娜娜的網誌情報，裡面寫的包括荷歐波諾波諾在內的各種活出自己的訣竅與思考方式，我一直都有在看。

芭娜娜　雖然我這樣說可能會有語病，不過，假如身上不帶任何武器，就這樣走在人生道路上的話，我想我會喪失一些很重要的東西，就像莫兒娜前世因為遺返靈魂失敗而去世那樣。在我開始實踐荷歐波諾波諾以後，我覺得「這方法眞是太好了」，還有「這方法很實在」的想法，全都是潛意識的運作。雖然世上有許多學派、學說，但所有學說都會叫人清理潛意識。我感覺所有的派別都在說，人類有辦法做到的只有這件事。**實踐荷歐波諾波諾回歸自性法，是件很合理的事；像是一個不會游泳的人到海邊玩，會帶著游泳圈下水一樣**，就是件這麼普通的事情。我想這點對大部分人來說都一樣。

ＫＲ　對我來說也一樣。荷歐波諾波諾就像是個急難救生包。

愛綾　到現在為止，我好幾次從吉本芭娜娜的作品，以及ＫＲ分享的荷歐波諾波諾的訣竅中，學習到如何活出自己。今天很榮幸有這個機會，讓這次夏威夷採訪中得到的許多經驗與智慧，能夠藉由與兩位的對談，變得更能活用在現實生活中。芭娜娜小姐、ＫＲ女士，謝謝你們今天帶給我一段魔法般的時光。

吉本芭娜娜

1964 年生於東京都。日本大學藝術學院文藝學系畢業。
1987 年以《我愛廚房》獲得第六屆海燕新人文學獎，正式踏入文壇。
1988 年《月光陰影》獲得第16 屆泉鏡花文學獎。
1989 年以《廚房》《泡沫／聖域》獲得第 39 屆藝術選獎文部大臣新人獎，同年以《鶇》獲得第二屆山本週五郎獎，1995 年以《甘露》獲得第五屆紫式部文學獎，2000 年以《不倫與南美》獲得第十屆法國雙叟文學獎（由安野光雅評選）。
著作獲海外三十多國翻譯並出版，在義大利先後於 1993 年獲得思康諾獎，1996 年獲得 Fendissime 文學獎（35 歲以下組別），1999 年獲得銀面具獎，2011 年獲得卡布里獎。近期著作有《千鳥酒館》《在花床上午睡》《鳥たち（暫譯：那些鳥）》《サーカスナイト（暫譯：馬戲團之夜）》。

第九章 ＋＋＋＋＋＋

關於荷歐波諾波諾

在夏威夷語裡，「荷歐」是**目標**的意思，而「波諾波諾」**則是取得平衡的完美狀態**。也就是說，荷歐波諾波諾的意思就是導正不平衡的狀態，找回原本的完美平衡。

身爲夏威夷州寶的已故莫兒娜女士，將荷歐波諾波諾這個自古流傳於夏威夷的解決問題方法，發展成更簡單的形式，讓任何人在何時何地、不需要依靠其他人就能使用，而這就是現在我們所使用的荷歐波諾波諾回歸自性法（以下簡稱爲荷歐波諾波諾）。

在這邊簡單介紹一下荷歐波諾波諾。荷歐波諾波諾認爲任何存在都具有自我，不管是人類、動物、植物，還是土壤、海洋、山、河川、金屬、空氣。而且，還是由意識（尤哈尼）、潛意識（尤尼希皮里）、超意識（奧瑪庫阿）這

當你開始清理以後，
在你和神聖的存在之中將會產生運作

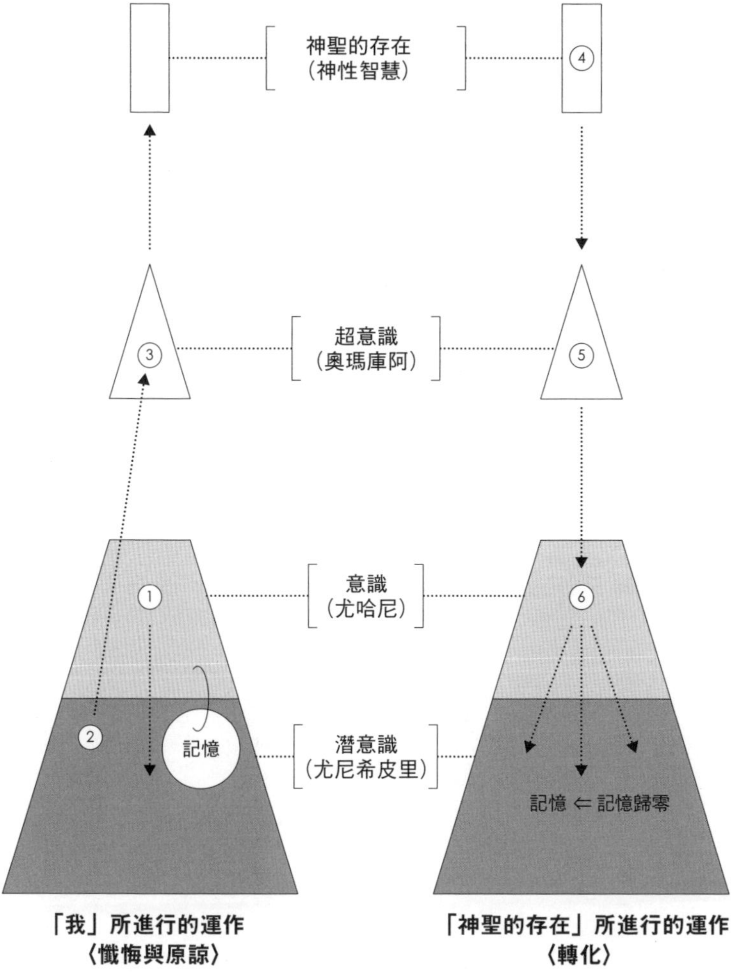

三個自我所構成的。

意識（尤哈尼）

這是我們平常所認知的意識，能夠察覺到問題，也能選擇是否要清理。對尤尼希皮里而言就像是母親一樣。

潛意識（尤尼希皮里）

又稱爲內在小孩。不只保存著幼兒期的記憶，還保存這世界誕生後的一切記憶，並以情緒及問題的形式重播、展現出記憶。只要尤哈尼開始清理，尤尼希皮里就能放下一直以來所累積的記憶。

超意識（奧瑪庫阿）

能夠將尤尼希皮里想放下的那些記憶，呈交給神性智慧（神聖的存在）。屬於靈性的部分。

神性智慧（神聖的存在）

萬物的根源。將收到的那些記憶，經由荷歐波諾波諾的步驟，轉化爲零的狀態。能夠釋出靈感。

我們所體驗到的問題，是由於無數的記憶累積在內在小孩尤尼希皮里的身上，而這些記憶無處可去，因此不斷反覆重播所導致。**消除記憶的行為則稱為清理**。

只要我們在發生問題的時候能選擇清理，並且盡可能無論何時都清理，這麼一來，就能放下所有累積在尤尼希皮里的記憶，活出原本充滿靈感、富足而自由的自己。

基本的清理方法是使用這四句話。「謝謝你、對不起、請原諒我、我愛你」。只要反覆在心裡默念這四句話，或者念「我愛你」，就能在不知不覺間，逐漸消除所累積的大量記憶。

除此之外，荷歐波諾波諾的呼吸法「HA呼吸」，也能發揮清理的作用。做法很簡單。

尤尼希皮里經常會被記憶塞滿而感到痛苦，而這呼吸法能將神聖的呼吸送到尤尼希皮里那裡，這樣一來，在清理的時候就會變得更加順利。當你感到疲勞或壓力時，或是腦中浮現不出新點子的時候，都建議你使用這個呼吸法。

荷歐波諾波諾還有許多其他的清理方法，詳情可以參考其他書籍，也可以在ＳＩＴＨ主辦的課程和講座中學到。不過，最重要的還是實際去做。本書所介紹的基本清理方法，是已故莫兒娜爲了讓任何人都能自由運用荷歐波諾波諾而發展出來的。因爲眞的太簡單，或許讓人有時會心生疑問，覺得「這樣眞的有在清理嗎？」然而，這時就連這分疑問與擔憂也都是一種記憶，因此，當你察覺到內心有這樣的想法時，就念念「我愛你、我愛你、我愛你」，實際使用荷歐波諾波諾吧。

修藍博士使用Nike的口號，對停滯不前、不去清理的我們說：「Just do it.」（做就對了），用這句話在我們背後推一把。

來吧！現在就直接開始使用荷歐波諾波諾！遇見原本理應存在的那個富足又自由的自己！

「HA呼吸」荷歐波諾波諾的呼吸法

基本姿勢

③ 腳接觸到地面或地板，就可以清理大地。

手的姿勢

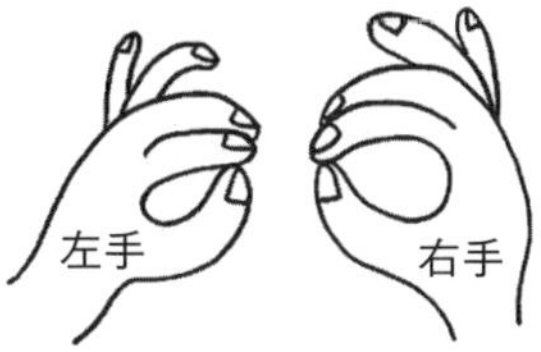

① 雙手的食指與中指併攏，貼在大拇指上，做成圈圈。

② 讓圈圈套在一起

呼吸的方法

① 用鼻子吸氣，數到七。

② 閉氣數到七。

③ 用鼻子將氣吐出，數到七。

④ 閉氣數到七。

＊以①～④為一個循環，重複七次。
看要數快還是數慢都可以，依照當時的情況而定！

＊等到熟悉了這種清理方式以後，就算是躺在床上、站著、不做手部動作，或者只用想像的都可以。也推薦大家在醫院等候時或面試前使用。

後記

最適合你的，即將到來

當你實踐了荷歐波諾波諾、開始活出眞正的自己後，可能會開始發現現在的自己並不是眞正的自己，而感受到前所未有的痛苦。當你在眞正的意義上不再將問題歸咎於他人時，或許會有種失去朋友的感覺。但是，請你不要害怕。

當你的內在小孩再次找回愛的時候，一切就會顯現出真實的樣貌。最適合你的事物會從別處來到你眼前，有時候可能也會從完全出乎意料的地方出現。當這些適合你的事物出現時，表示經由神性智慧的手所施予的自然法則和節奏，已經回到你身上。

謝謝你閱讀本書。願你、你的家人、親戚及祖先，能夠擁有超越人類理解程度的平靜。

平靜從我開始　伊賀列阿卡拉・修藍

試試「薄荷棒」

我從頭到尾清理了構成本書的這趟旅程，而我也持續清理本書直到完成，在這過程中，透過靈感而獲得了一個清理工具。這清理工具叫做「薄荷棒」。這是一個類似鉛筆形狀的薄荷棒子，很難想像的話，只要在平時浮現出各種問題、狀況與想法的時候，念念「薄荷棒」就可以了。現在馬上用用看吧。這個工具能夠鬆動那些導致問題產生的記憶團塊，讓其溫柔、輕鬆的紓解開，並帶往清理的程式，將你的人生引導至更明確的方向。雖然除了這個方法以外，還有很多其他的清理方法，但如果覺得這方法不錯的話，請一定要試試看。

「薄荷棒！」

能夠參與這趟旅程，我感到非常榮幸。在一切的存在各自乘著自己的船、橫渡人生的過程中，我能夠像這樣透過清理跟各位有所接觸，再也沒有什麼比這更加豐裕、美麗了。

非常感謝你。願你常保平靜！

KR

幫助我每天清理的這本書

我要對所有協助這本書的各位致上謝意。修藍博士、KR女士以及我在這趟夏威夷之旅遇到的所有人，還有現正以荷歐波諾波諾回歸自性法講師之姿活躍的瑪莉·科勒小姐、尼羅·契科先生，以及這一刻仍然在清理的各位讀者，要是沒有這些人，這趟旅程與這本書都無法完成。我由衷感謝諸位。

藝術工作者潮千穗與我一同完成這趟旅程，彷彿是我這趟旅途的守護者，她不只幫我們拍了許多很棒的照片，而且，每一天都在培育著和夏威夷之間的愛。和千穗一起清理的日子，就像是我的寶物。

我想全世界有很多人，在黑暗的晚上隻身一人、不得不面對自己的時候，一直都受到吉本芭娜娜作品的撫慰，藉以尋找光明，而我也是這其中的一個。藉著芭娜娜的文字，讓我現在實踐的荷歐波諾波諾，又獲得了能在現實中實行的機會。此外，潮千穗也是芭娜娜介紹我們認識的。這一切都令我十分感謝。

這趟旅程其實是在二〇一三年進行的。雖然我很快就把原稿整理好，但在技術上卻有所不足，加上每天又會遇到許多問題，因此遲遲沒有進展。每當我帶著原稿去見KR、琴和博士時，都會爲進度延後一事道歉，這時他們一定會對我說：

「請你清理心中的期待。神性智慧並不是你的僕人。拿著計畫書的不是你，而是神性智慧。現在立刻能做的是清理。不要用你的期待來阻止流動。請你清理每一天，藉此保持在敞開的狀態。」

從那之後，我就不是在整理這趟旅程中訪談的那些內容，而變成是這些內容在幫助我每天清理。寫在這本書的眞實話語，都變成最棒的清理工具，讓平時被記憶塡滿而停滯不前的我，能夠再次處於敞開的狀態。而且還變成一個非常棒的體驗，讓我察覺到在旅程中感受到的風、人們的笑容、空氣，以及花的甜美香氣，其實一直都在某部分不斷流動。

十分感謝講談社以及喜綾股份有限公司的各位，講談社在這麼長的一段時間裡，一直非常有耐心的包容始終無法完成原稿的我，同時也提供很有力的建議、給了我許多支援。即使是正寫著後記的此時此刻，我也並未擁有「我的人生百分之百充滿靈感」的狀態。我總是會遇到問題，我會和母親爭吵、沒有對朋友敞開心胸、尚未習慣婚姻生活（我與台灣的未婚夫順利結婚了）、擔心我在日本的家人等。但是，我已經知道荷歐波諾波諾這個最強的方法，我能夠放下、不再去重播那種想像隨時可能會有殭屍跳出來的每一天，就連每一刻出現的各種不同情感，都轉變成惹人憐愛的東西，豐裕、自由自在的爲人生添上色彩，讓人生變得更加豐碩。

謝謝看到最後的你們。

平良愛綾

台灣版後記

仍在路上的荷歐波諾波諾之旅

致親愛的台灣讀者們——

非常感謝方智出版社，讓我有機會在我心愛的台灣介紹這本書；感謝製作本書時協助我的老公Phil，以及SITH台灣的工作人員與助理們。並由衷感謝參與過課程的所有人。另外，要特別感謝寶儀，她不只透過言語，更以自身存在協助我清理，同時不吝分享許多人生智慧予我。

我不清楚人生際遇是如何安排的，但是我在十年前和荷歐波諾波諾相遇，並有幸陪同荷歐波諾波諾權威伊賀列阿卡拉．修藍博士一同至日本等亞洲各國遊訪。當初造訪台灣的時候，立刻遇見不少清理的機會，同時經歷了種種體驗與際會，都有如賜給我的禮物。之後又經過幾番輾轉，我成爲台灣媳婦，現在一年內有大半時間都在台灣度過。

我的清理生活越來越活躍。雖然與我心愛的老公之間，拌嘴並未減少，有了孩子後的生活更是丕變，而且每天還是得努力和難以習慣的外國文化奮鬥。不過，以前總會想盡辦法逃避問題的我，現在則會先深呼吸，接著清理。不可思議的是，只要開始清理，我就能感受到人生重回到自己掌握。無論遇到任何狀況，或是當下感受爲何，只需先審視自我內在，就能重新爲自己的人生掌舵。這個方法看似普通，卻很實際。我們不用受困於他人安排的生活裡，而是活在「源於自己」的人生中。這種人生，每一天都令人珍愛不已。

衷心感謝能在台灣這個每天賜予我清理機會、活出最眞實自我的地方，透過這本書和台灣的讀者們相遇。相信傾囊相授荷歐波諾波諾生活的夏威夷居民，會在這本書裡伴隨著各位，並成爲引領各位踏上荷歐波諾波諾旅程的導引人。我也會繼續我的荷歐波諾波諾旅程。祝福各位能永遠在神聖的愛照耀之下清理每一段的旅程。

平良愛綾二〇一七年四月二十七日，寫於大安區雨夜中

附錄

清理工具的使用方法

・藍色太陽水

這是荷歐波諾波諾頗具代表性的一種清理工具。在藍色玻璃瓶（要用金屬以外的蓋子）裡裝入自來水，讓瓶子照射陽光十五～三十分鐘以上。使用方式自由，可以日常飲用、用於烹飪、噴在房間或身上等。

・冰藍

冰藍是冰河的藍色。無論你有沒有在心裡想像出冰藍色都無妨，只要在心裡默念冰藍，就能洗滌被記憶束縛的思考。另外，當你說了冰藍後再觸碰植物，也會變得更容易與植物交流。

Eurasian Publishing Group
圓神出版事業機構
用心與你對話．綿野無限寬廣
方智出版社
Fine Press

www.booklife.com.tw　reader@mail.eurasian.com.tw

新時代 180

荷歐波諾波諾的奇蹟之旅：造訪夏威夷的零極限實踐者

作　　者／平良愛綾
攝　　影／潮千穗 Chiho Ushio（夏威夷） 和多田アヤ Aya Watada（第九章）
譯　　者／邱心柔
發 行 人／簡志忠
出 版 者／方智出版社股份有限公司
地　　址／台北市南京東路四段50號6樓之1
電　　話／（02）2579-6600・2579-8800・2570-3939
傳　　真／（02）2579-0338・2577-3220・2570-3636
總 編 輯／陳秋月
資深主編／賴良珠
責任編輯／胡靜佳
校　　對／胡靜佳・賴良珠
美術編輯／林雅錚
行銷企畫／陳姵蒨・徐緯程
印務統籌／劉鳳剛・高榮祥
監　　印／高榮祥
排　　版／杜易蓉
經 銷 商／叩應股份有限公司
郵撥帳號／18707239
法律顧問／圓神出版事業機構法律顧問　蕭雄淋律師
印　　刷／祥峰印刷廠
2017年6月　初版
2022年7月　7刷

定價 350 元　ISBN 978-986-175-461-1　

清理可以幫助你，
找回自己以及整個宇宙的節奏，
我們要活在這個節奏當中。

——《荷歐波諾波諾的奇蹟之旅》

國家圖書館出版品預行編目資料

荷歐波諾波諾的奇蹟之旅：造訪夏威夷的零極限實踐者／平良愛綾 著；邱心柔 譯. -- 初版. -- 臺北市：方智，2017.06
288 面；14.8×20.8公分 --（新時代；180）

ISBN 978-986-175-461-1（平裝）

1. 超心理學

175.9　　106005963

夏威夷火山國家公園裡的基拉韋厄火山，是夏威夷諸島的活火山中，最活潑的一座火山。傳說中，女神佩勒住在基拉韋厄火山，莫兒娜生前每次造訪大島時，都會前來祝禱。

這些是懷伊雷娜剛搬來住的時候，從院子的土壤挖出來的古董瓶子。窗外是懷伊雷娜引以為豪的一大片靈感花園。

破洞的屋頂和地板，以及宛如垃圾場的庭院，經過每天一點一滴的修護，現在變成這個樣子！

和一起生活的山羊去採摘院子的蔬菜、水果，是她每天必做的事。

從跳蚤市場與以物易物得到的物品，以及路上別人不要的板子，所打造出來的廚房。裡面的每個餐具和磁磚，懷伊雷娜都非常喜歡。

上：KR和女兒親手做的晚餐—肉醬義大利麵和凱薩沙拉。KR的凱薩沙拉實在是道極品。她說祕訣在於「把新鮮大蒜加得滿滿的就對了！」
下：KR的牧場入口。之前的牧場主人是好萊塢演員詹姆士．史都華。

上：管理牧場的KR女兒凱拉，以及KR的孫子安娜尼亞和馬丁。
下：馬丁和其他暑假從加州過來玩的孫子們。

我們在這條熔岩路上稍作休息。「熔岩的原子和分子也有記憶。它們像這樣讓我跟它一起發揮出各自的能力，我心裡只有感謝。」KR。

KR的孫子過來拯救我們。「只要多開幾次，很快就會了！」他們不斷開朗的鼓勵我。實際翻覆的那台ATV，尺寸比照片中的ATV還要大一些。

這是由多種生態系構成的荷歐茂牧場。每當我踏入這塊土地時，都會透過清理來聆聽土地的訊息，看看我們是否做了什麼不必要的事情，以及它需要什麼樣的照顧。調查團在牧場內發現瀕臨絕種的植物，目前正在進行調查。

在大島的最後一天。

「我」就是「我」
OWAU NO KA "I"

「我」來自空無顯現光明，
Pua mai au mai ka po iloko o ka malamalama,

「我」是滋養生命的氣息，
Owau no ka HA, ka mauli ola,

「我」是那超越一切意識所能理解的空性，虛無，
Owau no ka poho, ke ka'ele mawaho a'e o no ike apau.

是「我」，是萬相，是一切。
Ka I, ke Kino Iho, na Mea Apau.

「我」經由水珠畫出彎彎彩虹，
Ka a'e au i ku'u pi'o o na anuenue mawaho a'e o na kai a pau,

是充滿念頭永無止息的心。
Ka ho'omaumau o na mana'o ame na mea a pau.

「我」是那進出的氣息，
Owau no ka "Ho", a me ka "HA".

是不可見，不可捉摸的微風，
He huna ka makani nahenahe,

是無法定義的創世原子。
Ka "Hua" huna o Kumulipo.

「我」就是如此的「我」。
Owau no ka "I".

「我」的平靜
KA MALUHIA O KA "I"

平靜與你同在，所有我的平靜，

O ka Maluhia no me oe, Ku'u Maluhia a pau loa.

平靜就是「我」，平靜就是「我」當下所在，

Ka Maluhia o ka "I", owau no ka Maluhia.

平靜常在，從現在到未來乃至永恆。

Ka Maluhia no na wa a pau, no ke'ia wa a mau a mau loa aku.

我的平靜「我」給予你，我的平靜「我」託付你，

Ha'awi aku wau I ku'u Maluhia ia oe,

waiho aku wau I ku'u Maluhia me oe.

不是外在世界的平靜，只是我的平靜，

A'ole ka Maluhia o ke ao aka, ka'u Maluhia wale no.

「我」的平靜。

Ka Maluhia o ka "I".

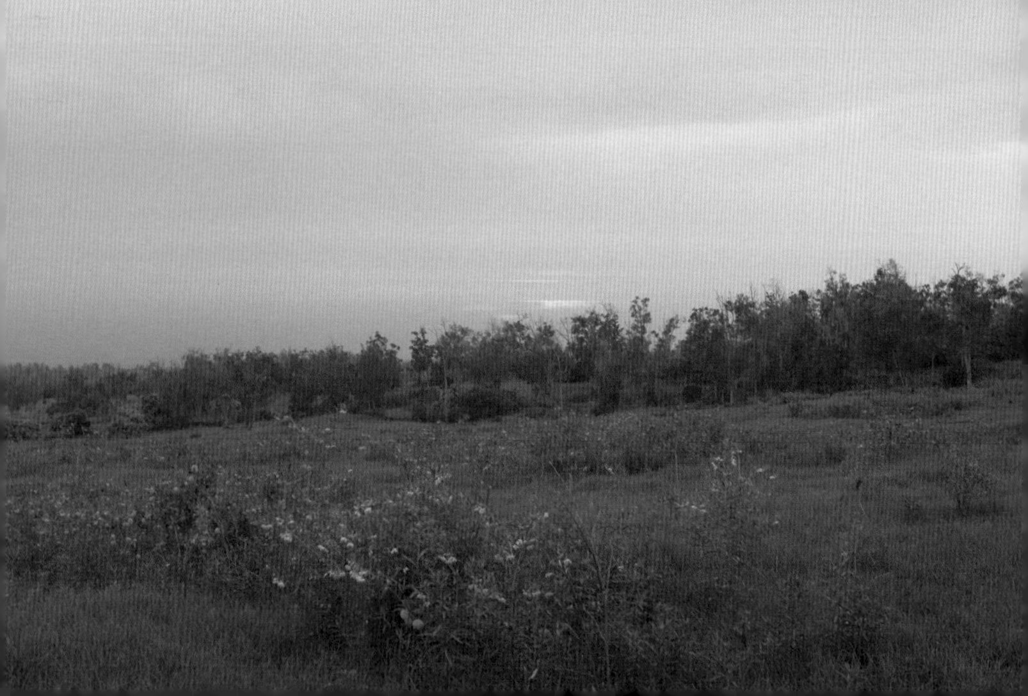